A voz
interior
de
Deus

Mark E. Thibodeaux, SJ

A voz *interior* de Deus

O modo inaciano de
descobrir a vontade de Deus

Tradução:
Cláudio Queiroz de Godoy

Título original:
God's Voice Within
– The Ignatian Way to Discover God's Will
© 2010 by Mark E. Thibodeaux, SJ
All rights reserved.
ISBN 978-0-8294-2861-2

Published under arrangement with Loyola Press,
3441 North Ashland Avenue – Chicago, Illinois 60657.

Publicado em acordo com Loyola Press,
3441 North Ashland Avenue – Chicago, Illinois 60657.

Dados Internacionais de Catalogação na Publicação (CIP)
(Câmara Brasileira do Livro, SP, Brasil)

Thibodeaux, Mark E.
  A voz interior de Deus : o modo inaciano de descobrir a vontade de Deus / Mark E. Thibodeaux ; tradução Cláudio Queiroz de Godoy. -- São Paulo : Edições Loyola (Aneas), 2025. -- (Exercícios espirituais & discernimento)

  Título original: God's voice within : the ignatian way to Discover God's will
  ISBN 978-65-5504-450-8

  1. Decisões - Aspectos religiosos 2. Deus (Cristianismo) 3. Vida cristã 4. Vontade de Deus I. Título. II. Série.

25-265279   CDD-248.4

Índices para catálogo sistemático:
1. Vontade de Deus : Vida cristã : Cristianismo   248.4
Cibele Maria Dias - Bibliotecária - CRB-8/9427

Diretor geral: Eliomar Ribeiro, SJ
Editor: Gabriel Frade

Capa: Ronaldo Hideo Inoue
Diagramação: Sowai Tam
Revisão técnica: Danilo Mondoni, SJ

Capa composta a partir de detalhe da imagem generativa de © Peter (Adobe Stock).

Rua 1822 n° 341, Ipiranga
04216-000 São Paulo, SP
T 55 11 3385 8500/8501, 2063 4275
editorial@loyola.com.br, **vendas**@loyola.com.br
loyola.com.br, 🅕🅞🅘🅙 @edicoesloyola

Todos os direitos reservados. Nenhuma parte desta obra pode ser reproduzida ou transmitida por qualquer forma e/ou quaisquer meios (eletrônico ou mecânico, incluindo fotocópia e gravação) ou arquivada em qualquer sistema ou banco de dados sem permissão escrita da Editora.

ISBN 978-65-5504-450-8

© EDIÇÕES LOYOLA, São Paulo, Brasil, 2025

*Este livro é dedicado
aos meus mentores e aos meus amigos,
que fazem parte da minha rede de apoio.
Vocês sabem a quem me refiro.
Espero que saibam o quanto sou grato a todos vocês.*

Sumário

Agradecimentos 13

Prefácio: Tomada de decisão de coração 15

1. Por que ler este livro? 19

PARTE 1. O VERDADEIRO ESPÍRITO E O FALSO 29
2. Características da desolação e do falso espírito 35
   Ausência de fé, esperança e amor 37
   Ausência da sensação da proximidade de Deus 39
   Excesso de inquietação e de agitação 41
   Confusão: uma subcategoria 45
   Excesso de tédio e de tepidez 47
   Excesso de medo e de preocupação 50
   Excesso de segredo 55
   Falsa consolação: uma forma avançada de desolação 58
   A combinação de características 65

3. Características da consolação e do verdadeiro espírito ... 67
   Fé, esperança e amor 69
   A sensação da proximidade de Deus 73

Paz e tranquilidade 76
Perspectiva verdadeira: uma subcategoria 79
Grandes desejos 80
Transparência 81

PARTE 2. RESPONDENDO À DESOLAÇÃO E À CONSOLAÇÃO 85

4. Quando em desolação 87
   Resposta 1: dê um nome à desolação 88
   Resposta 2: evite fazer mudanças ou tomar decisões importantes 94
   Resposta 3: confie em sua rede de apoio 98
   Resposta 4: considere possíveis problemas logísticos, morais
      ou psicológicos 108
   Resposta 5: cuidado com o falso "anjo de luz" 117
   Resposta 6: seja firme com o falso espírito
      e trabalhe diligentemente 121
   Resposta 7: seja gentil, paciente e encorajador consigo mesmo 126
   Resposta 8: tenha fé de que Deus fará bom uso dessa desolação 130
   Em caso de incêndio… 133

5. Em consolação 137
   Preparação 1: observe o "curso dos pensamentos" 143
   Preparação 2: fique atento às suas vulnerabilidades 146
   Preparação 3: tome cuidado com a falsa consolação 151
   Preparação 4: procure a presença de Deus nos momentos
      dolorosos do seu passado 154
   Duas atividades úteis 157
   Pronto para o discernimento 162

**PARTE 3. DO DISCERNIMENTO DOS ESPÍRITOS
À TOMADA DE DECISÕES** 165

6. Antes de tomar uma decisão: estabeleça um fundamento 167
   O que você procura? 170
   Um coração agradecido 175

Duas histórias de gratidão 178
Para a maior glória de Deus 181
A indiferença inaciana 182
Indiferença do coração, indiferença da vontade 184

7. **Tomando uma decisão: quatro fases para um bom discernimento** 187
   Fase 1: fique em silêncio 189
   Fase 2: colete dados 195
   Fase 3: sonhe os sonhos – acesse os seus desejos mais profundos 204
   Fase 4: reflita sobre os sonhos – faça um balanço de
   suas desolações e consolações 209
   Um caso especial: "Quando a alma não é afetada
   por nenhum espírito" 216
   Outro caso especial: "Sem margem para dúvidas" 222

8. **Depois da tomada de decisão: decisões preliminares,
   confirmação e decisões finais** 227
   Oferecendo minha decisão preliminar 229
   Em busca de confirmação 233
   E se não houver uma confirmação? 240
   Tomando a decisão final e agindo em conformidade com ela 245

9. **Cinco coisas para não esquecermos** 249

   Glossário dos termos inacianos 255
   Passagens bíblicas relacionadas 257
   Sugestões de leituras adicionais 259

   **Textos originais das "Regras para o Discernimento
   dos Espíritos", de Inácio** 261
   Regras para o Discernimento dos Espíritos, Primeira Semana 261
   Regras para o Discernimento dos Espíritos, Segunda Semana 266

ÍNDICE DAS TABELAS, EXERCÍCIOS DE ORAÇÃO E HISTÓRIAS

Tabelas

Tabela 1: Desolação e consolação, lado a lado	82
Tabela 2: As três causas da desolação de Inácio	109
Tabela 3: Oito maneiras de lidarmos com a desolação	134
Tabela 4: Construindo fortificações	149
Tabela 5: Quatro maneiras de nos prepararmos para a desolação	158
Tabela 6: Como um tomador precipitado de decisão e um tomador hesitante de decisão podem ser tentados a agir quando estão em desolação ou em falsa consolação	201
Tabela 7: Deliberações mentais	221
Tabela 8: Sinais de confirmação ou de desconfirmação	236

Exercícios de oração

Exercício de oração A: O verdadeiro espírito em minha vida	82
Exercício de oração B: Examine as desolações do passado	159
Exercício de oração C: Princípio e fundamento	173
Exercício de oração D: Orar com gratidão	180
Exercício de oração E: Discussão de ideias em espírito de oração	196

Histórias

Um passageiro indesejável	42
Um caso de raiva justa	44
A história de Noah	90
A história de Teresa	95
A história de Mari	114
O que o capitão Steve me ensinou	131
Recebendo toda uma história	154
Como acabei me tornando um jesuíta	222
Um hilário exemplo bíblico de "des-confirmação"!	231
A história do irmão Andrew	243

Agradecimentos

Este livro está repleto de histórias minhas e de outras pessoas. Quando necessário, pedi permissão e mudei nomes, lugares e situações. Observe também que, tendo em vista que o propósito de todas essas histórias é ilustrar um ponto relevante em vez de escrever uma história de não ficção o mais fielmente possível, algumas dessas histórias são inteiramente inventadas, outras são inteiramente verdadeiras e precisas e outras ainda são uma mistura de ficção e não ficção. Contei as histórias que melhor ilustrariam o ponto relevante. Agradeço a todas as pessoas que me deram permissão para usar um trecho ou outro de suas vidas. Estou profundamente grato.

As oito pessoas que mais me ajudaram e que foram a minha maior fonte de inspiração durante a redação e a edição do manuscrito foram Lee Ann Badum, Jerry Fagin, SJ, Christopher Harris, William F. Huete, SJ, James Martin, SJ; os meus pais, Carroll e Shirley Thibodeaux, e a minha editora da Loyola Press, Vinita Wright. Estou profundamente grato por sua generosidade comigo. Também sou grato pelos inúmeros amigos e comunidades que ofereceram seu amor, apoio, sabedoria e conselhos. Dentre eles estão Paul Deutsch, SJ, Michael Dooley, SJ, Dan White, SJ; Irmã Kathleen Farrelly, O. Carm, Sr. e Sra. Robin e Easton Hebert, os noviços de Grand

Coteau de 2007 a 2010 (especialmente Caleb Bernacchio, Marc Fryer, Jonathan Harmon e Peter Gadalla), a comunidade católica da Universidade Panamericana do Texas, bem como as comunidades jesuítas da Faculdade de St. Charles de Grand Coteau, Louisiana, da Universidade Loyola de Nova Orleans, do Colégio Preparatório Jesuíta Strake, de Houston e da Faculdade de Spring Hill, em Mobile, Alabama. Finalmente, agradeço à minha querida família: Steve, Annette, Cameron, Demi, Greg, Nancy, Ashley, Dillon, Stuart, Stacey, Abbie, Michael, Eric, Sandy, Marty e Coy.

Escrever este terceiro[1] livro foi uma experiência encantadora e desafiadora. O assunto exigia que eu trabalhasse ainda mais que em meus livros anteriores. A experiência, acredito, me tornou um escritor e um discernidor melhor. Sou profundamente grato a Deus por me chamar para tal projeto. Oro para que este livro dê uma glória cada vez maior a Deus – e cada vez mais louvor, reverência e culto.

---

1. Os dois livros anteriores são *Armchair Mystic. Easing into Contemplative Prayer* ["Místico amador. Familiarizando-se com a oração contemplativa"] e *God, I Have Issues. Fifty Ways to Pray no Matter how You Feel* ["Deus, tenho questões. Cinquenta formas de orar, não importa como você se sente"]. (N. do T.)

Prefácio
Tomada de decisão de coração
(James Martin, SJ)

O *que devo fazer?*
Quantas vezes você já se fez essa pergunta hoje? Que tal durante esta semana? Durante este mês? Durante este ano? Ao longo de sua vida?

Em certo sentido, é uma pergunta que nos fazemos repetidas vezes. Aplica-se a decisões importantes: *Que faculdade devo cursar? O que devo estudar? Qual carreira devo seguir? Que trabalho devo aceitar?* Aplica-se a decisões sobre nossos relacionamentos pessoais e mais íntimos: *Como devo tratar os meus pais? Como devo reagir quando um amigo está em crise? O que devo fazer a respeito dos problemas em meu casamento?* E se aplica a situações mais comuns, mas não menos estressantes: *Quando devo confrontar meu chefe implicante? Como devo lidar com os relacionamentos estremecidos dentro de minha família? Como devo agir com o meu vizinho maluco?*

No entanto, uma tomada de decisão não diz respeito apenas ao que deveríamos fazer ou deixar de fazer. Também diz respeito às nossas aspirações mais sinceras, aos nossos desejos mais profundos e aos nossos anseios mais sagrados. Se formos pessoas autorreflexivas, também nos perguntaremos outras coisas, como: *Quem eu gostaria de ser? O que mais quero fazer da minha vida? Que tipo de pessoa Deus está me chamando para ser?*

A maioria de nós concordaria que essas são questões essenciais. Mas, se formos honestos, a maioria de nós também admitiria que essas perguntas podem ser difíceis, estressantes e até mesmo aterrorizantes. Às vezes, ficamos paralisados por essas perguntas e, com medo da necessidade de tomarmos decisões importantes, as adiamos, evitamos cabalmente respondê-las ou simplesmente as ignoramos. As decisões podem nos oprimir.

Pensamos: quem nos dera se houvesse um guia fácil de usar para nos ajudar a tomar essas decisões importantes, esmagadoras e transformadoras – e as pequenas também.

Felizmente existe.

Santo Inácio de Loyola foi um soldado do século XVI que se tornou um místico e fundou a ordem religiosa católica conhecida como a dos jesuítas. Como vocês lerão em breve, Inácio era um estudioso entusiasta da natureza humana, um mestre espiritual amado e um soberbo tomador de decisões. Por meio de suas próprias experiências (tanto na vida cotidiana quanto na oração), ele compreendeu uma verdade importante: Deus deseja que tomemos boas decisões e nos ajudará a tomá-las. Tudo o que precisamos fazer, além de ter uma boa intenção, é não confiar unicamente em nossa razão dada por Deus (literalmente), mas sim prestar atenção aos movimentos do nosso coração, que também nos foi dado por Deus. Santo Inácio deu vazão ao seu considerável número de percepções sobre o processo de tomada de decisão em seu grande clássico espiritual os *Exercícios Espirituais*.

A soma de todas essas percepções sobre como tomar uma boa decisão é conhecida como "discernimento inaciano". O caminho de Inácio inclui uma série bem ordenada de práticas, técnicas e habilidades que partem do pressuposto de que o processo para chegar a uma boa tomada de decisão se dá por uma combinação entre a fé e razão. Como diria um jesuíta, confie no seu coração, mas também não deixe de usar a sua cabeça.

No entanto, no passado o discernimento inaciano muitas vezes era apresentado como algo excessivamente complexo, cheio de estratégias complicadas e de técnicas misteriosas e envolto em uma linguagem extravagante, quase como se você precisasse ter um doutorado e um organograma apenas para começar a entendê-lo. E isso é uma pena, porque o discernimento inaciano não é assim tão complicado. Uma espiritualidade autêntica é uma espiritualidade simples. No final das contas, ao ser questionado sobre o reino de Deus, Jesus ofereceu aos seus discípulos histórias como a do joio e a do trigo e não um tratado teológico de seiscentas páginas! Suas respostas eram profundas e misteriosas, mas ainda assim podiam ser compreendidas por seus ouvintes.

É por isso que este livro é tão bem-vindo. Como você logo descobrirá, Mark Thibodeaux, SJ, é um dos guias para o processo de tomada de decisões mais amigáveis, acolhedores e acessíveis que você poderia imaginar. Ao recorrer a abundantes exemplos de sua própria vida (e à sua considerável experiência ajudando na orientação espiritual de outras pessoas), bem como da vida de Inácio, ele torna acessíveis as riquezas do discernimento inaciano para ajudar você a decidir o que deve (ou não deve) fazer ou que caminho você quer (ou não quer) percorrer.

A facilidade que Mark tem para a espiritualidade inaciana é evidente para qualquer pessoa que já o conheceu. Um dos jesuítas mais animados e alegres que conheço (e um bom amigo), Mark é um exemplo perfeito de como a santidade pode levar à alegria. Sua vida plena de realizações – como professor, orientador espiritual, mestre de noviços e sacerdote – mostra que, ao tomarmos boas decisões, podemos nos aproximar de Deus. E aproximar-se de Deus significa aproximar-se de uma vida de paz e alegria. É quase impossível se sentir desanimado ou abatido quando você está com Mark, e foi com ele que eu estava nos momentos em que mais dei risada em toda a minha vida.

Mas com certeza Mark ficaria constrangido se ele fosse apresentado como o centro das atenções. Ele provavelmente mudaria o foco da nossa atenção para Santo Inácio, que, por sua vez, mudaria o foco para onde ela realmente deveria estar, que é em Deus. Em última análise, este livro é centrado em Deus. Como Deus pode nos ajudar a tomar decisões importantes, como Deus pode mover os nossos corações para "discernirmos" bem, como Deus pode ser encontrado em todos os diferentes "espíritos" que animam as nossas vidas. Sobre como podemos encontrar interiormente a voz de Deus.

Deus deseja que tomemos decisões estimulantes e, portanto, nos ajudará nesse sentido. Esse é um dos temas subjacentes deste novo, útil, acessível e inteiramente agradável livro.

Então, da próxima vez que você se perguntar com algum grau de desconforto: *"O que devo fazer?"*, não se desespere. Respire fundo, pegue este livro, use sua cabeça e confie em seu coração.

James Martin, SJ, é padre jesuíta, editor de cultura da revista *America* e autor dos best-sellers *The Jesuit Guide to (Almost) Everything* ["O guia jesuíta para (quase) tudo"] e *My Life with the Saints* ["Minha vida com os santos"].

1
Por que ler este livro?

Você provavelmente está lendo este livro porque reconheceu a necessidade de um processo de discernimento mais criterioso em sua própria vida. Temos a tendência de pensar que o discernimento é sinônimo de tomada de decisão, mas o seu significado é muito mais profundo e amplo do que simplesmente fazer escolhas. O verdadeiro discernimento nos ensina a fazer avaliações honestas sobre as nossas circunstâncias e os nossos problemas. O verdadeiro discernimento nos ensina a sermos conscientes de nós mesmos, pois, se não for assim, podemos até mesmo nos tornar um empecilho quando procuramos fazer as nossas próprias escolhas com sabedoria. O verdadeiro discernimento não é apenas uma questão de racionalidade, mas também de espiritualidade. Envolve todos os aspectos da nossa pessoa: das nossas emoções às nossas reflexões, dos nossos desejos à nossa resiliência, da nossa vontade pessoal à nossa oração.

O discernimento seria simples se pudéssemos identificar as cinco, ou doze, ou vinte e cinco etapas infalíveis para fazermos boas escolhas. Mas as escolhas não são o resultado de um mero exercício racional, e sim fruto tanto de quem somos quanto do que pensamos. É por isso que o discernimento não é um sistema, mas sim um processo. Um processo que devemos nos inteirar e pôr em prática, e sempre aprender algo mais.

Decisões comuns e cotidianas

Você toma centenas de decisões diariamente – escolhas cotidianas sobre situações cotidianas.

- **Como você preencherá o seu dia:** Devo trabalhar muito hoje ou pegar leve? No meu trabalho, como faço para distinguir entre o que é mais importante e o que é irrelevante?
- **Como você pode servir a Cristo:** Devo passar a tarde visitando minha tia idosa, escrever para um deputado federal ou trabalhar em um projeto importante? Devo lavar novamente a louça deixada por um membro da minha família ou pedir para que ele mesmo faça isso? Devo preencher um cheque para uma instituição de caridade ou economizar meu dinheiro até estar financeiramente seguro? Hoje devo passar mais tempo em oração ou trabalhar mais?
- **Como você pode cuidar bem de si mesmo hoje:** Devo tirar a manhã de folga ou ir direto para o trabalho? Devo comer a sobremesa ou me abster? Devo consultar um médico sobre essa dor ou resistir e ver se ela passa por conta própria? Devo fazer uma corrida esta noite ou passar mais tempo com as pessoas que amo? Devo assistir ao jogo na TV esta tarde ou brincar com meus filhos no quintal?
- **Como você se relacionará com outras pessoas:** Devo confrontar meu amigo sobre esse problema ou deixá-lo passar? Devo verificar se o meu filho realmente está na faculdade ou esperar que ele seja responsável por si mesmo? Devo me defender imediatamente quando criticado ou ouvir a crítica em silêncio e refletir

cuidadosamente sobre o que foi dito? Devo me desculpar pelo meu comportamento ou defendê-lo?
- **Que tipo de atitude você deve ter:** No trabalho, devo ser ambicioso e assertivo ou quieto e humilde? Devo desafiar o meu chefe ou engolir todos os sapos? Devo pressionar aqueles que estão sob minha autoridade a trabalhar mais ou me tornar menos exigente? Em casa, devo ficar com raiva de um membro da família ou deixar isso para lá? Devo me permitir ficar triste com essa perda ou enxugar minhas lágrimas e seguir em frente?

Cotidianas

Você está bem ciente das consequências dessas escolhas aparentemente insignificantes. Se você disser a coisa errada no momento errado para a pessoa errada – o que você costuma fazer –, pode muito bem deflagrar uma guerra total. Você sabe que, se relaxar no trabalho, aqueles que exigem mais de você ficarão zangados ou desapontados. Você sabe que sua tia idosa não vai estar aqui para sempre e que seus filhos crescerão rápido demais. Você sabe que ficar esgotado e nunca se permitir relaxar não é bom para ninguém. Você sabe que Deus quer que você seja bom consigo mesmo, que se permita comer além da conta uma vez ou outra, mas também está ciente de suas próprias tentações de comer demais.

Mais importante do que essas consequências é a extensão em que essas escolhas diárias aparentemente pequenas e insignificantes *definem quem você é como pessoa*. Você é preguiçoso, trabalhador ou viciado em trabalho? Você é permissivo, amorosamente firme ou totalmente autoritário? Você é passivo, prudente ou excessivamente agressivo? Você tem aversão a si mesmo, é realista sobre si ou egoísta? Você é gentil, frio ou bajulador? Você sabe muito bem que todas essas questões importantes sobre o seu caráter – sobre quem você é como pessoa – no final das contas são definidas tanto pelas pequenas decisões diárias quanto pelas mais importantes e marcantes.

Além disso, você está ciente de que o acúmulo dessas pequenas decisões, somado à totalidade das decisões dos outros, no fim pode produzir resultados desastrosos ou gloriosos. Poluímos a terra seja com um saco de lixo seja com uma equivocada política pública de resíduos. Alguém como Hitler chega ao poder não repentinamente e pela força, mas gradativamente e com o apoio de cidadãos comuns.

Na década de 1960, os afro-americanos não passaram subitamente a ter plenos direitos por meio de uma decisão importante, mas sim por uma série de pequenas decisões tomadas por pessoas comuns – pessoas como Rosa Parks, que, em um dia comum, decidiu sentar-se na parte da frente do ônibus, e por pessoas brancas comuns que aos poucos optaram por combater o preconceito dentro de si mesmas quando alguém como Rosa Parks se sentava ao lado delas no ônibus.

Quando um terremoto devastou o Haiti em 2010, qualquer pessoa poderia contribuir para a ajuda humanitária simplesmente enviando uma mensagem de texto por telefone celular com a palavra "Haiti" para determinado número. Esse método de doação foi promovido em toda a parte na televisão, nas rádios e na Internet. Pessoas comuns podiam contribuir para a ajuda humanitária com meros dez dólares enquanto navegavam pela Web, mudavam o canal na TV ou esperavam em um semáforo. Em questão de dias, milhões de dólares foram arrecadados.

Você sabe que as escolhas das pessoas comuns – como quais líderes elas apoiam ou a quais elas se opõem, como elas se sentem sobre quem se senta ao lado delas no ônibus ou como elas gastam míseros dez dólares – literalmente mudaram o curso da história mundial. Como cristão, você se sente compelido a fazer as escolhas certas, não importa o quão pequenas essas escolhas possam parecer em determinado dia. Você se depara com muitas dessas escolhas *todos os dias* de sua vida e, ainda assim, gasta pouquíssimo tempo refletindo sobre os *motivos pelo quais* você tomou essas decisões. Você não tem um *método* para tomar tais decisões. Em vez disso, você simplesmente dá um tiro no escuro – ou, pior ainda, deixa a vida ditar os rumos que você deve seguir. Você tem a sensação de que teve de ser proativo na maneira como decidiu se comportar em um ou outro momento, mas não tem a menor ideia de como agir de forma consciente e em oração para tomar tais decisões.

As grandes decisões

Você faz uma retrospectiva de sua vida e constata que houve escolhas marcantes que a impulsionaram para direções irrevogáveis:
- A escolha de romper ou de se casar com alguém
- A escolha de ficar em sua cidade natal ou de se mudar para uma cidade distante
- A escolha de seguir esta ou aquela carreira
- A escolha de ter uma quantidade x ou y de filhos
- A escolha de frequentar esta ou aquela igreja
- A escolha de fazer sexo ou de se abster
- A escolha de parar definitivamente de beber e de fumar ou a de tomar "apenas mais um gole" e a de dar "mais uma última tragada"
- A escolha de entrar para o seminário ou de constituir família

Você sabe que em algumas dessas escolhas marcantes você realmente discerniu bem e agiu de forma assertiva com base nesse bom discernimento. Mas você também está dolorosamente ciente das más escolhas que fez – o casamento ruim, o movimento errado na carreira, o pecado terrivelmente doloroso que você persistiu em cometer. E você está ciente das vezes em que simplesmente *ignorou* a oportunidade de escolher. Você está ciente de que, por meio de sua escolha muitas vezes inconsciente de *não* decidir, você permite que circunstâncias externas ditem a trajetória de sua vida e da vida das outras pessoas à sua volta. Ao *não decidir*, você deixou escapar oportunidades importantes, permitiu que a injustiça prevalecesse no mundo, em sua família e em sua comunidade, e se viu em relacionamentos, carreiras e situações de vida infelizes e prejudiciais.

Você faz uma retrospectiva das escolhas mais marcantes de sua vida e reconhece a importância de fazer boas escolhas. E, ainda assim, você não sabe como fazer isso.

Uma vida mais plena e ainda mais excepcional

Você acredita em um Deus que o ama e que quer o que é melhor para você. Você acredita em um Deus que lhe oferece bênçãos abundantes, mas deixa para você a palavra final para aceitar essas bênçãos. Você acredita que Deus tem um estoque infinito de oportunidades cheias de graça para você e você não deseja perdê-las. Você sabe que Deus lhe deu habilidades, recursos e blocos de construção para ajudar a construir o reino dos céus aqui na terra, e você deseja muito arregaçar as mangas e começar a trabalhar.

Você tem uma vaga sensação de que Deus está lhe chamando para lugares espirituais mais elevados – para atividades mais elevadas e causas mais nobres –, mas você não sabe exatamente *o que* Deus deseja que você faça, e você não sabe exatamente *como* dizer "sim" a esses chamados. Você deseja sinceramente aprender como ouvir a voz de Deus que há dentro de você fazendo este convite. Você confia na promessa de Deus de conduzi-lo a pastos mais verdejantes, mas ainda precisa aprender a reconhecer a voz do Bom Pastor e a distinguir essa voz das dos falsos pastores que levam você para becos sem saída.

Você sabe que Deus está chamando você, tanto em suas escolhas cotidianas quanto nas extraordinárias. Você sente que esses chamados estão chegando *de dentro da agitação de seu próprio coração*, e tudo o que você mais deseja é aprender a discernir bem essas agitações internas e a responder com ousadia a essa voz convidativa interior.

É por isso que você deve ler este livro.

O que é discernimento inaciano?

Santo Inácio de Loyola é um dos mais importantes mestres de discernimento do cristianismo. No entanto, o próprio Inácio não escreveu um guia sistemático, passo a passo e do tipo "receita de bolo", para aprendermos a tomar uma decisão. Ele sabia que toda decisão traz consigo tantas variáveis que um método padronizado seria artificial e ultrapassado. Os humanos são simplesmente complexos demais para um manual de discernimento que sirva para todos.

Em vez disso, Inácio começou a ensinar às pessoas *como* elas poderiam se tornar o tipo de pessoa que, por meio de uma espécie de intuição aprendida, pudesse detectar as fontes de seus pensamentos, emoções e ações. Por meio desse discernimento das fontes, que ele chamou de "discernimento dos espíritos", podemos descobrir qual é a vontade de Deus em qualquer circunstância. Em outras palavras, assim que somos capazes de reconhecer as motivações que nos movem em direção a uma ou outra escolha específica, o trabalho de tomarmos uma decisão torna-se fácil: simplesmente escolhemos a opção que vem de Deus. OK, talvez a escolha não seja sempre assim tão fácil, mas o ponto é que a parte complicada não está no ato de escolher a opção A, B ou C, mas sim em ser capaz de criar uma *habilidade interna* – uma *intuição inaciana* – de reconhecer os motivos que a atraem para qualquer opção dada ou façam com que ela se distancie dessas opções. Portanto, o discernimento inaciano não é tanto sobre *o que devemos fazer*, mas mais sobre *quem devemos ser*. É sobre como se tornar uma pessoa em sintonia com os movimentos que levam a Deus. O fazer fluirá do ser.

No Evangelho segundo João (Jo 10,1-5), aprendemos que as ovelhas conhecem a voz do pastor a que pertencem. Elas reconhecem sua voz e a obedecem. Elas não seguirão um estranho, porque sabem que a voz do estranho não é a voz do seu bom pastor. O grande comentarista bíblico William Barclay faz uma descrição vívida dessa imagem. Na Palestina do primeiro século depois de Cristo, cada pastor tinha um chamado único que suas ovelhas reconheciam imediatamente. Às vezes, à noite, vários rebanhos eram agrupados em uma caverna para proteção. De manhã, como as ovelhas seriam classificadas? Os pastores se distanciavam uns dos outros e começavam a chamar suas ovelhas. Ao ouvir várias vozes, as ovelhas podiam detectar imediatamente a voz do seu pastor e segui-lo (William Barclay, *Bible Commentary* ["Comentário bíblico"], vol. 2, p. 57).

Em qualquer situação, seja em um dia normal ou em um dia de decisões importantes, há muitas vozes em sua cabeça e em seu coração propondo-lhe uma variedade de ações, reações ou omissões. O método inaciano de discernimento ensina como apurar os seus sentidos espirituais para que você possa detectar mais prontamente a voz do Bom Pastor e se mover em direção a ela, distinguindo essa voz de todas as outras.

O que você pode esperar

Este livro está dividido em três partes principais. A Parte 1 (capítulos 2 e 3) apresenta o leitor a Santo Inácio de Loyola e conta como ele desenvolveu seu método de discernimento. Em seguida, apresenta os dois tipos de vozes, a do verdadeiro espírito e a do falso espírito, e os dois estados de espírito, a consolação e a desolação, que acompanham essas vozes. O leitor aprende a detectar a consolação e a desolação ao conhecer as características desses dois estados opostos de espírito.

Assim que você for capaz de detectar os espíritos dentro de você, o que fará com eles no seu dia a dia? O que você faz quando se encontra em desolação, isto é, sob a influência do falso espírito? O que você faz quando está em consolação, isto é, sob a influência do verdadeiro espírito? A Parte 2 (capítulos 4 e 5) apresenta os ensinamentos de Inácio sobre como reagir ao estado de espírito em que você se encontra em determinado dia.

Como você pode usar essa intuição inaciana para tomar uma grande decisão? A Parte 3 ensina os métodos para descobrirmos a vontade de Deus mediante o reconhecimento da fonte das vozes que a pressionam para perto ou para longe de qualquer opção. Ela apresenta o modo como você precisa trabalhar a sua disposição antes de começar a discernir (capítulo 6), o caminho que um processo de discernimento típico costuma tomar (capítulo 7) e o trabalho que você deve fazer depois de tomar uma decisão (capítulo 8).

No final do livro, você encontrará um índice das tabelas, histórias e exercícios de oração usados ao longo deste livro, um glossário de termos inacianos, uma lista de passagens das Escrituras que abordam o tema do discernimento, uma bibliografia comentada de livros sobre o discernimento inaciano e o texto original de Inácio das "Regras para o Discernimento dos Espíritos":

> Na conversão e na calma está a vossa salvação; na perfeita confiança, a vossa força [...]. À voz de tua súplica, ele te fará misericórdia: assim que te ouvir, ele atenderá [...]. [Ele] não se esconderá mais, e teus olhos verão aquele que te instrui. Teus ouvidos compreenderão as palavras que retumbam atrás de ti: "Este é o caminho. Segue-o!", para que não venhas a te desviar seja para a direita seja para a esquerda.
> Isaías 30,15.19-21

Parte 1

O VERDADEIRO ESPÍRITO E O FALSO

Além de ser universalmente considerado um dos grandes místicos da Igreja, Santo Inácio de Loyola é às vezes chamado de "o primeiro psicólogo do mundo". Muito antes de o mundo ter uma compreensão da psique e um vocabulário para descrever a vida interior, Inácio parecia ter uma compreensão do que se passa nas profundezas dos nossos pensamentos e das nossas emoções. Ele não dispunha do jargão da psicologia para trabalhar, mas, em vez disso, recorreu à linguagem da espiritualidade e da mística. Suspeito que, mesmo se ele tivesse o jargão da psicologia à sua disposição, ele teria escolhido descrever nossos movimentos interiores em termos do bem e do mal. Por quê? Porque ele estava convencido de que, psicologia à parte, todos os nossos pensamentos, sentimentos e ações podem nos levar para mais perto ou para mais longe de Deus. A Igreja ainda acredita nisso.

Mas como começou essa "espiritualidade inaciana"? Qual foi a primeira suspeita de Inácio de Loyola de que nós, humanos, experimentamos movimentos sutis em nossas almas?

Tudo começou com uma bala de canhão.

Iñigo de Loyola nasceu em uma família nobre da região basca da Espanha por volta do ano de 1491. Sua educação foi repleta de tudo o que era típico da vida na corte medieval: duelos estilizados, mulheres atraentes, armaduras brilhantes, honra acima de tudo, lutas de espada, jogos de cartas e muito álcool – não exatamente um bom começo para um santo! Iñigo era conhecido por sua tremenda paixão e zelo, mas ele desperdiçava essas qualidades em buscas egoístas e batalhas mesquinhas e condenadas ao fracasso.

Em 1521, ele se viu incitando seus companheiros soldados a continuar lutando em defesa da fortaleza de Pamplona, apesar de sua derrota iminente. Quando uma bala de canhão atingiu Iñigo na perna, os espanhóis imediatamente desistiram. O exército conquistador permitiu que Iñigo fosse levado de volta ao seu castelo em Loyola para se recuperar. Esse soldado impetuoso passaria muitas semanas sozinho na cama, sem nada para fazer.

Em meio ao seu tédio, ele pediu romances de amor e de cavalaria, mas havia apenas dois livros na casa: um sobre a vida dos santos e outro sobre a vida de Cristo. Durante aquelas longas horas solitárias na cama, Inácio se viu imerso em um turbilhão de devaneios. Às vezes, ele se imaginava como um nobre heroico, travando batalhas importantes para um senhor feudal, ganhando a mão de uma dama da alta nobreza e ocupando posições de prestígio em um reino poderoso. Outras vezes, seus livros religiosos o levavam a se imaginar como um novo São Francisco ou São Domingos, lutando contra o príncipe do mal, jurando lealdade eterna ao Senhor celestial, e pedindo a Maria, a mãe de Cristo, para ser sua rainha.

Um dia, ele teve uma epifania, ao perceber que havia uma distinção importante entre o que ele sentia depois dos seus sonhos cavalheirescos e o que ele sentia depois de sonhar com a vida religiosa. Referindo-se a si mesmo na terceira pessoa, Inácio descreve esse extraordinário momento de percepção:

> No entanto, havia essa diferença. Quando pensava em assuntos mundanos, sentia muito prazer, mas, depois de ficar cansado deles e os descartar, ele descobriu que estava insensível e infeliz. Mas, quando ele

pensava em [...] imitar os santos em todas as austeridades que eles praticavam, não só encontrava consolo nesses pensamentos, mas mesmo depois que eles o deixavam ele permaneceu feliz e alegre. Ele não levou em consideração nem parou para examinar essa diferença até que, um dia, com os seus olhos parcialmente abertos, ele começou a se perguntar sobre essa diferença e a refletir sobre ela. Por experiência própria, sabia que alguns pensamentos o deixavam triste enquanto outros o deixavam feliz, e, aos poucos, foi percebendo os diferentes espíritos que o moviam: um vindo do diabo, o outro vindo de Deus.

O relato do peregrino: autobiografia de Inácio de Loyola, 8

Esse reconhecimento da "diferença entre os dois espíritos que o moviam" se tornou, para Inácio, o fundamento de sua exploração de toda uma vida sobre como podemos discernir a vontade de Deus. Ele passou a acreditar que Deus, em seu amor e compaixão infinitos por nós, está sempre agitando os nossos corações com o desejo de realizar grandes feitos de vida e de amor, ao passo que o outro espírito nos leva a sonhos mais baixos e nos induz a agir contra as estimulantes inspirações vindas de Deus. Inácio descobriu que, se pudéssemos simplesmente discernir entre esses dois espíritos – um nos atraindo em direção à vida e o outro nos afastando dela –, então seríamos capazes de conhecer a vontade de Deus. Ele percebeu que a atração pelo bem tem características distintas que revelam Deus, sua fonte última. O afastamento de Deus também tem características distintas. Quanto mais conseguimos detectar essas características, mais facilmente podemos reconhecer e seguir o verdadeiro espírito que nos conduz para a vida em Deus.

Os dois espíritos

Os próximos dois capítulos explorarão as características desses dois espíritos. O *falso espírito*, ao qual muitas vezes Inácio se refere como "o espírito maligno" ou "o inimigo da natureza humana", e o *verdadeiro espírito*, ao qual Inácio muitas vezes se refere como "o bom espírito".

É importante entender que a ideia que Inácio fazia do falso espírito parecia ser mais ampla da que comumente se refere apenas ao diabo, embora o diabo certamente possa ser incluído na definição. O padre jesuíta William Huete explica da seguinte maneira: o falso espírito equivale ao diabo *somado* a todos os traumas causados por circunstâncias trágicas, como o câncer ou os furacões, *mais* todas as experiências e os comportamentos destrutivos, *mais* toda a carga emocional negativa, *mais* todas as fraquezas emocionais e assim por diante. O falso espírito é tudo o que me afasta de Deus e do plano de amor de Deus para o mundo.

Da mesma forma, ao se referir ao verdadeiro espírito, Inácio estava falando não apenas do Espírito Santo, mas também de qualquer outra coisa que me aproxima de Deus. O verdadeiro espírito equivale ao Espírito Santo, *mais* todo o bem no mundo, *mais* todas as circunstâncias felizes da vida, como boa saúde ou um tempo ensolarado, *mais* todas as experiências e comportamentos que afirmam a vida, *mais* todo o bem-estar psicológico e toda a força que temos.

O falso espírito: o "afastamento interior" do plano de Deus, da fé, da esperança e do amor. Também conhecido como "o espírito maligno" ou "o inimigo da natureza humana".	**O verdadeiro espírito:** a "atração interior" em direção ao plano de Deus, à fé, à esperança e ao amor. Também conhecido como "o bom espírito".

Quando grito com meu pai, é porque o "diabo" me induz a fazer isso, por causa de alguma ferida psicológica na infância ou porque não tive uma boa noite de sono na noite passada? Minha resposta a essa pergunta é *sim*! Todos esses fatores se combinam para me afastar de Deus. Chamamos essa influência de falso espírito ou de espírito maligno.

Usando a percepção que Inácio tinha da vida interior, dizemos que, quando estamos sob a influência do falso espírito, estamos em um estado de desolação. Exploraremos isso em detalhes no capítulo 2.

Da mesma forma, se um dia eu for gentil com meu pai, é por causa do Espírito Santo dentro de mim, porque meu pai me criou bem ou porque tive uma boa noite de sono? Novamente, minha resposta é *sim*! A convergência desses fatores leva à afirmação da vida, que chamamos de influência do verdadeiro espírito.

Quando estamos sob a influência do verdadeiro espírito, estamos em um estado de consolação, que será o tema do capítulo 3.

Com essa compreensão da desolação e do falso espírito e da consolação e do verdadeiro espírito, os próximos capítulos explorarão as características de cada espírito e o estado de espírito associado a cada um deles.

Desolação: o estado de espírito sob a influência do falso espírito.	**Consolação:** o estado de espírito sob a influência do verdadeiro espírito.

2
Características da desolação e do falso espírito

Chamo de desolação [...] a escuridão da alma, o desassossego do espírito, a inclinação para o que é mais baixo e terreno e a inquietação proveniente dos mais variados tipos de perturbações e tentações, que levam à falta de fé, de esperança e de amor, achando-se a alma totalmente preguiçosa, tépida, triste e como se estivesse separada, por assim dizer, de seu Criador e Senhor. Pois, do mesmo modo como a consolação é o oposto da desolação, os pensamentos que surgem quando estamos em consolação são o oposto daqueles que surgem quando nos encontramos em desolação.

Os Exercícios Espirituais de Santo Inácio[1] 317
Regras para o Discernimento dos Espíritos, Primeira Semana, n. 4

Ao examinar com atenção seus devaneios contraditórios sobre a vida cavalheiresca e a vida religiosa, Inácio se deu conta de que podemos descobrir a vontade de Deus ao reconhecermos a *origem* dos nossos movimentos interiores. Ao reconhecer um movimento como proveniente do falso espírito, ele assim passou a denominá-lo e presumiu que não era um movimento em direção à vontade de Deus. Ao reconhecer um movimento

---

1. De agora em diante, *Os Exercícios Espirituais de Santo Inácio* serão abreviados para *EE*.

interior como proveniente do verdadeiro espírito, ele reconheceu a vontade de Deus nesse movimento e seguiu os seus ditames. Muito mais tarde em sua vida, depois de haver se tornado muito hábil em reconhecer esses movimentos, Inácio registrou por escrito as características dos espíritos falsos e verdadeiros e da desolação e da consolação.

Seria tentador pensar na desolação como sinônimo de se sentir mal e na consolação como sinônimo de se sentir bem – definições mais próximas que poderíamos encontrar em um dicionário. Mas, na espiritualidade inaciana, o significado da desolação e da consolação vai muito além dos nossos sentimentos. Há ocasiões, por exemplo, em que podemos estar em consolação precisamente *porque* estamos nos sentindo tristes pelos pecados que cometemos no passado, por um ente querido que se foi ou porque estamos sentindo raiva por uma injustiça perpetrada contra os pobres. Da mesma forma, a experiência da desolação também pode vir acompanhada por sentimentos de felicidade, conforto ou empolgação.

Então, como podemos saber qual é a diferença entre a desolação e a consolação? Vamos começar com a desolação, o tópico deste capítulo. Eis aqui uma visão geral:

Estou desolado quando estou vazio
- de fé, esperança e amor
- da sensação de que Deus está próximo de mim

e quando estou sentindo alguma combinação de
- "inquietação" (desassossego) e agitação
- tédio e "tepidez" (apatia)
- medo e preocupação
- desejo de esconder algo

Ausência de fé, esperança e amor

Chamo de desolação [...] a escuridão da alma [...], a inclinação para o que é mais baixo e terreno [...], a falta de fé, de esperança e de amor.
EE 317 *Regras para o Discernimento dos Espíritos Primeira Semana, n. 4*

Sei que estou em desolação quando me vejo preocupado com o que é pequeno: ressentimentos mesquinhos, preocupações irracionais, prazeres superficiais ou objetivos de curto alcance. Quando faço uma retrospectiva do meu dia em espírito de oração (Inácio diria: "Quando faço o meu exame de consciência em oração"), me pergunto: "O que se passou de mais importante em minha mente e em meu coração hoje? Quais eram os meus objetivos para o dia?". Depois de listar tudo o que ocupou meu tempo e demandou minha energia psíquica, posso me perguntar: "Esses pensamentos, sentimentos e objetivos me levaram a ser uma pessoa com mais fé, esperança e amor, ou eles me afastaram dessas virtudes?". Estas são perguntas simples e, ao refletir cuidadosamente sobre elas, saberei com bastante rapidez qual foi o espírito que impulsionou o meu dia.

Exame de consciência: uma rápida reflexão diária sobre os espíritos que agitaram meus pensamentos, minhas emoções e minhas ações neste dia.

Isso não significa que todos os momentos do meu dia precisam ser preenchidos com ações heroicas. Talvez eu tenha passado o dia inteiro fazendo trabalhos domésticos, jardinagem ou trocando o óleo do carro. Não estou me perguntando o quão grandes ou heroicas foram minhas ações, mas sim: "Essas ações me levaram a ter mais fé, esperança e amor?". Por exemplo, se eu passasse o dia fazendo tarefas domésticas, a pergunta seria:

"*Por que* faço tarefas domésticas? Foi por amor à minha família ou para evitar alguma outra tarefa que eu deveria realizar hoje?". Se eu passar o dia me sentindo entristecido com a mudança do meu amigo, eu me pergunto: "A tristeza foi minha maneira de reconhecer o meu grande amor pelo meu amigo ou foi uma recusa autoindulgente de levar adiante a minha própria vida?". Os movimentos *abaixo da superfície* dos pensamentos, sentimentos ou ações revelarão o verdadeiro espírito que me move hoje.

Às vezes é importante separar essas três virtudes e examiná-las individualmente.

- **Fé:** Minhas ações de hoje me levaram a ter mais confiança em Deus, na Igreja ou nas pessoas que Deus me presenteou em minha vida? Ou elas me levaram a dúvidas improdutivas e paralisantes?
- **Esperança:** Os sentimentos que vivenciei recentemente me levaram a ser mais otimista em relação ao futuro e a ter confiança mais profunda na providência de Deus? Ou me levaram ao desespero e ao esquecimento de que Deus cuidará de mim independentemente do que acontecer?
- **Amor:** Tudo o que ocupou os meus pensamentos no dia de hoje realmente me levou a amar mais o meu próximo? Ou esses pensamentos me levaram ao isolamento, à reserva, à passividade ou à agressividade?

Ausência da sensação da proximidade de Deus

> *Chamo de desolação [...] [uma sensação de que a alma está] separada, por assim dizer, de seu Criador e Senhor.*
> EE 317 *Regras para o Discernimento dos Espíritos, Primeira Semana, n. 4*

A palavra *desolação* tem suas raízes no latim medieval *de sole*, que pode ser traduzido como "ser deixado sozinho, desamparado ou abandonado". Parte da experiência da desolação é a sensação de que Deus está distante de mim e não consigo sentir uma forte sensação de sua presença. Sinto-me espiritualmente abandonado e sozinho. Digo a "sensação" da ausência de Deus ou o "sentimento" de ter sido abandonado por Deus porque a fé me garante que Deus nunca me abandona. Se Deus fizesse isso, eu deixaria de existir. Deus está sempre perto, sempre me observando e me amando, sempre agindo pelo bem em minha vida. Mas nem sempre *sinto* esse amor divino e nem sempre consigo ter a *sensação* da presença de Deus em meu coração.

Um jovem seminarista passando por um pouco de desolação descreveu um momento de oração durante o qual meditou em Cristo como o Bom Pastor. "Eu me vi duvidando", disse ele, "se eu realmente era uma daquelas ovelhas nos braços de Cristo". Foi algo bastante inusitado para um seminarista tão devoto dizer, mas é assim que ele se havia se sentido naquele momento. Por longos períodos de sua vida, a oração fluiu com facilidade e deu-lhe uma sensação da proximidade de Deus, mas nesse momento de desolação ele teve apenas uma sensação de vazio e abandono em sua oração. Suas palavras a Deus pareciam ossos secos, e suas súplicas pareciam não ter sido ouvidas nem respondidas. Ele estava sozinho em seu quarto, aparentemente sem Deus para confortá-lo.

Essa infeliz sensação de secura na oração não é incomum entre as pessoas de fé. O próprio Jesus clamou da cruz: "Meu Deus, meu Deus, por que me abandonaste?". O salmista fala de sua alma "qual terra ressequida, solo ávido de água" (Sl 63,1), e pergunta:

> Meu Deus, meu Deus, por que me abandonaste, longe do meu clamor e do meu grito?
> De dia clamo, ó Deus, e não respondes; chamo por ti de noite, e não me atendes.
>
> Salmo 22

Santa Teresa de Lisieux certa vez se referiu a si mesma como um brinquedo abandonado do menino Jesus. Madre Teresa de Calcutá suportou longos períodos de oração sem nenhuma sensação da presença do Pai. Frustrado com as frequentes "ausências" de Deus, o escritor místico Tomás de Kempis certa vez exclamou em oração que, se Deus se ausentasse mais uma vez, ele descumpriria todos os mandamentos da Bíblia! Esses exemplos revelam que tal experiência é normal em uma vida de oração.

Estou realmente nas profundezas da desolação quando não só experimento aridez na oração, mas também quando perco o senso de esperança e fé de que isso alguma vez será superado. Na desolação, sou levado a questionar não apenas o momento presente, mas todo o meu relacionamento com Deus. Começo a me perguntar se toda a minha experiência de Deus é apenas uma farsa, algo que inventei na minha cabeça. Vou questionar a existência de Deus ou pelo menos a existência de minha amizade com Deus. Lembro-me de uma vez, durante um retiro particularmente árido pelo qual eu estava passando, dizendo ao orientador: "Não tenho certeza se realmente sei rezar". Senti nitidamente que o meu orientador achou graça ao ouvir esse comentário, pois, do seu ponto de vista mais objetivo, ele sabia quão tola era essa dúvida. Mas, em meu coração, o falso espírito me convenceu de que meus anos a fio de oração nada mais eram do que um exercício imaginativo, uma mera fantasia intelectual.

Excesso de inquietação e de agitação

Chamo de desolação [...] a escuridão da alma, a turbulência do espírito [...], a inquietação proveniente dos mais variados tipos de perturbações e tentações.

EE 317 *Regras para o Discernimento dos Espíritos, Primeira Semana, n. 4*

Inácio percebeu que havia uma *instabilidade intrínseca* na desolação e nos movimentos que vinham do falso espírito. Ele disse que, se estamos indo "de vento em popa" – isto é, orando e verdadeiramente buscando a vontade de Deus –, então os movimentos do falso espírito nos deixarão desconfortáveis, inquietos e agitados. Haverá uma notável falta de paz em nossos corações. Os sentimentos negativos de medo, raiva, preguiça e assim por diante irão nos incomodar e parecerão maiores do que realmente são. Iremos acreditar falsamente que as nossas emoções negativas tiraram o melhor de nós, e acreditar nisso fará com que isso se torne verdadeiro.

A perturbação interior ou o desassossego – que Inácio chamou de inquietação – pode muito bem ser a característica mais reveladora do falso espírito, justamente porque é a *inquietação em relação às outras características* que revela a sua origem. Observe na citação acima que Inácio não se preocupa tanto com "muitas perturbações e tentações", mas sim com a "*inquietação de* muitas perturbações e tentações". Sempre experimentaremos agitação, sentimentos negativos, tentações e pensamentos perturbadores. O que o discernidor precisa estar atento é até que ponto esses movimentos negativos dentro dele perturbam sua paz de espírito.

Se eu decidir de antemão não experimentar *absolutamente nenhum* estado de espírito, pensamento ou sentimento que seja negativo, estou me preparando para o fracasso. Essas experiências são simplesmente parte do que significa ser humano. Mas posso orar e trabalhar *as minhas percepções e atitudes para fazer frente* a esses estados de espírito, pensamentos e sentimentos negativos. Muitas vezes não consigo controlar o que sinto a respeito de alguma coisa. Por exemplo, se você disser algo que me magoe, vou me sentir magoado. Negar isso simplesmente tornará as coisas piores. Mas *posso* controlar a minha atitude em relação a esses sentimentos. Se os meus sentimentos feridos se tornarem a força motriz por trás das minhas atitudes e ações – se eles me levarem a conclusões pessimistas sobre minha vida e determinarem o meu modo de agir –, então estarei agindo sob a influência do falso espírito e, consequentemente, em desolação.

Uma lenda nativa-americana conta a história de um ancião explicando a seu neto que há dois lobos dentro dele lutando pelo controle de suas ações. Um lobo é o verdadeiro espírito, e o outro é o falso espírito. O jovem neto pergunta: "E qual dos dois vai ganhar, vovô?". O velho responde: "Aquele que eu alimentar". É exatamente esse o ponto. Não tenho escolha sobre ter os dois lobos dentro de mim. Deste lado do céu, devo lidar com a minha negatividade interior. Mas tenho alguma margem de manobra sobre que atitude tomar diante dessa negatividade.

Alguns exemplos podem ajudar a ilustrar esse ponto.

Um passageiro indesejável

Recentemente, fiz uma viagem de ônibus de vinte e seis horas de Nova Orleans para St. Joseph, no Missouri. Fui sozinho e decidi usar essa viagem como um momento de oração e reflexão. Não muito depois do início da viagem, bem no meio da minha oração, percebi em mim a presença de um pouco de raiva por causa de um incidente passado. O incidente que provocou essa raiva não tinha sido muito significativo, e eu sabia, refletindo sobre ele com objetividade, que não teria maiores consequências. Portanto, decidi deixar de lado esses sentimentos mesquinhos de raiva. Mas, à medida que a viagem de ônibus prosseguia, apesar dos meus melhores esforços, a raiva dentro de mim crescia cada vez mais. Na verdade, parecia que, quanto mais eu tentava me livrar da raiva, mais enraivecido eu ficava.

O tempo passou, e nada da raiva ir embora. Enquanto isso, à medida que meu ônibus passava de uma cidade para outra, percebi que, por estar sentado perto da janela com um assento vazio ao meu lado, uma pessoa entrava no ônibus e se sentava lá por um tempo e depois descia na próxima parada, então outra se sentava naquele assento, depois outra, e assim sucessivamente. Podia ter uma conversa longa e amigável com uma delas e com outra podia permanecer em silêncio o tempo todo. Com alguma diversão, pensei, *senti como se eu estivesse tendo cinquenta primeiros encontros, cada um durando aproximadamente quinhentos quilômetros!*

Enquanto isso, comecei a perceber que minha raiva simplesmente não estava indo embora. Orei um mais pouco para que ela se dissipasse e, repentinamente, me vi falando diretamente para ela: "OK, raiva, parece que não consigo mandar você para fora do ônibus. Suponho que você insista em ser mais um dos meus encontros. Então só me resta consentir que você fique por aqui mais um pouco. Pode ficar e se sentar ao meu lado em silêncio enquanto oro, contanto que você não faça muito estardalhaço e que você não tente se sentar no banco do motorista". Fiel ao padrão do que estava acontecendo com os meus outros encontros, a raiva sentou-se ao meu lado por aproximadamente quinhentos quilômetros e então, por conta própria, finalmente saiu do ônibus.

Na vida, as "perturbações" vêm e vão. Não posso impedi-las de vir. E muitas vezes, quando faço grandes esforços para chutá-las para fora do ônibus, elas simplesmente se tornam ainda mais obstinadas. E, se eu porventura dirigir toda a minha atenção para elas, elas acabarão se sentando no banco do motorista. Mas, se eu permitir que o bom espírito da Paz e do Silêncio *dirija* o ônibus, não será tão angustiante assim ter essa Raiva como minha companheira de viagem.

Aqui está outro exemplo de como o falso espírito às vezes procura fazer com que as "perturbações e tentações" governem as nossas vidas e nos causem inquietação.

Um caso de raiva justa

Certa vez, aconselhei um jovem problemático chamado Frank, que raramente sorria e tinha poucos amigos. Desde o início das minhas sessões de aconselhamento pastoral com ele, ele começou a dar rédea solta a sentimentos reprimidos decorrentes dos abusos que ele havia sofrido anos atrás. Nessas primeiras sessões, Frank teve a experiência libertadora de finalmente reconhecer o que havia acontecido com ele e de como isso o fazia se sentir. Ele estava cheio de uma raiva justa, ou seja, uma raiva à qual tinha direito, e expressar essa raiva em voz alta pela primeira vez (em oposição a reprimi-la como ele sempre havia feito antes) trouxe-lhe um pouco de paz e satisfação. Fiquei contente e sabia que essas "explosões controladas" na segurança do meu gabinete vinham do verdadeiro espírito.

Mas, com o passar das semanas, percebi que Frank não estava perdendo essa raiva. Em vez disso, ele estava *se alimentando e sendo alimentado por ela*. Era a raiva que o tirava da cama todas as manhãs e o levava a adotar um silêncio taciturno quando estava entre os seus colegas da escola.

Comecei a reconhecer dois movimentos opostos dentro de Frank. O reconhecimento e a expressão de sua raiva em um contexto espiritual vinham do verdadeiro espírito. A inquietação com essa mesma raiva vinha do falso espírito. Para que Frank pudesse seguir o caminho do verdadeiro espírito, ele teria de encontrar maneiras de aceitar o que havia acontecido com ele no passado e o que ele sentia em relação a isso no presente. Mas ele também teria de ficar em paz consigo mesmo no que dizia respeito às suas emoções no presente. Ele teria de aceitar o fato de ter a raiva como passageira do ônibus, mas sem permitir que ela o conduzisse.

Confusão: uma subcategoria

A confusão é uma experiência tão corriqueira na desolação que poderíamos ser tentados a pensar nela como uma característica distinta da desolação. Mas a confusão em si não é o problema. Deus nunca nos promete a certeza, pois a onisciência pertence somente a ele. Na maioria das vezes, um processo de discernimento saudável passará por um ou mais períodos de ambiguidade e de incerteza. Na verdade, muitas vezes esta é uma etapa necessária no curso de um bom discernimento. O problema, então, está em como reagimos a essa falta de clareza. A confusão se torna uma experiência desoladora quando nos permitimos ficar chateados por não sabermos de alguma coisa, ou seja, quando a nossa incerteza ou falta de conhecimento leva a uma perturbação dentro de nós.

Entretanto, a confusão que causa inquietação é de fato um claro sinal indicador comum de desolação. Quando estamos neste estado, perdemos a floresta de vista por causa das árvores. Perdemos a perspectiva do objetivo último da vida, que é definido por Santo Inácio como "o louvor, a reverência e o serviço a Deus, nosso Senhor". A confusão da desolação faz com que fiquemos presos aos detalhes da jornada sempre que nos esquecemos do nosso destino final. Não "ficar de olho no prêmio" é a receita certa para o fracasso. Se não fosse assim, o estado de incerteza não seria tão perturbador e, consequentemente, não seria desolador.

> John Kavanaugh pediu a Madre Teresa que orasse para que ele tivesse clareza. Ela disse: "Nunca tive clareza e certeza. Só tenho confiança. Vou rezar para que você confie".

Considere a história de Pedro caminhando sobre as águas para se encontrar com Jesus. Enquanto Pedro estava concentrado em Jesus, ele caminhava com facilidade. Se perguntassem a ele naquele momento: "Como é que você está conseguindo caminhar sobre as águas?", ele não saberia a resposta. Mas o fato de ele não saber como conseguia fazer isso não o impediu de fazê-lo, desde que ele se concentrasse em Jesus. Foi ao "reparar no vento" que Pedro ficou com medo e começou a afundar. No momento em que tirou os olhos de Jesus, ele se perdeu:

Logo depois, Jesus obrigou os discípulos a entrarem na barca e irem antes dele para o outro lado, enquanto despedia o povo. Despedido o povo, subiu ao monte, para rezar sozinho. Ao cair da noite, ainda estava ali, só. A barca já estava bem distante da terra, e açoitada pelas ondas, porque o vento era contrário. De madrugada, foi ter com eles caminhando sobre o lago. Quando o viram andar sobre a água, os discípulos ficaram assustados. "É um fantasma!", diziam com gritos de pavor. Mas logo Jesus lhes disse estas palavras: "Coragem! Sou eu. Não tenhais medo".

> Então, Pedro lhe respondeu: "Senhor, se és tu mesmo, manda-me ir ao teu encontro sobre as águas". "Vem!". E Pedro saiu da barca, começou a caminhar sobre as águas, indo ao encontro de Jesus. Mas, reparando na fúria do vento, ficou amedrontado. E, começando a afundar, gritou: "Salva-me, Senhor!". No mesmo instante, Jesus estendeu a mão e o segurou, dizendo: "Homem pobre de fé, por que duvidaste?"
>
> Mateus 14,22-31

Excesso de tédio e de tepidez

Chamo de desolação [...] totalmente preguiçosa, tépida.
EE, *Regras para o Discernimento dos Espíritos,*
Primeira Semana, n. 4

Quando estou em desolação, em vez de inquietação e agitação posso sentir tédio e apatia – ou, nas palavras de Inácio, tepidez. Ao contrário da crença popular, o ódio não é o oposto do amor. Quando odeio alguém, no mínimo estou envolvido com a vida dessa pessoa e tenho um relacionamento com ela. Permiti que essa pessoa mexesse comigo e fosse capaz de me transformar. O oposto do amor é a apatia, estado de espírito no qual eu não me preocupo com a pessoa o suficiente para odiá-la. Não sentirei amor algum se você significa tão pouco para mim a ponto de eu não sentir absolutamente nada por você:

> Quem dera que fosses frio ou quente! Mas, como és morno, nem frio nem quente, estou para te vomitar da minha boca.
> Apocalipse 3,15-16

Como conselheiro ou orientador espiritual, há muito que posso fazer para ajudar uma pessoa que sente ódio, até mesmo ódio de Deus. Esses sentimentos fortes indicam que você ainda está às voltas em um relacionamento, dando tudo de si. Podemos usar essa paixão! Podemos nos aproximar de Deus com essa paixão e permitir que Deus faça o que precisa ser feito para que você fique curado. Mas, se uma pessoa está apática, há muito pouco que o seu mentor possa fazer para ajudá-la, pois há ausência total de compromisso e de relacionamento. O máximo que essa pessoa pode fazer é reconhecer que está apática e tentar sair desse estado. Até que isso aconteça, ela não passará de mero veleiro perdido em um mar sem vento.

Já mencionei que a experiência de se sentir distante de Deus é um forte sinal de desolação. Pior ainda é a falta de *desejo* de estar perto de Cristo, que também é uma experiência mais comum para os crentes do que você poderia imaginar. Mesmo os cristãos mais ardorosos e cheios de fé passam por momentos em que não sentem vontade de orar, não querem ir à igreja e resistem a qualquer tipo de renovação espiritual. Lembro-me de ter conversado com minha orientadora espiritual sobre a ausência de Deus que senti ao orar.

"Você *quer* que Deus esteja por perto?", ela perguntou.

Achei uma pergunta boba para uma freira fazer a um seminarista e respondi contando a ela tudo sobre a minha devoção à minha vocação, a minha fidelidade à oração e assim por diante. Ela perguntou pela segunda vez: "Você *deseja* estar perto de Deus neste momento?".

Mais uma vez, saí pela tangente ao fazer declarações grandiosas sobre fé e coragem. Ela me ouviu pacientemente com um sorriso amoroso e sem julgamento e, somente depois de eu ter finalmente terminado, perguntou pela terceira vez: "Mark, você *deseja* estar perto de Jesus?".

Recostei-me na cadeira, fechei os olhos e respirei fundo. "Não", respondi, para minha grande surpresa.

"OK", disse ela, "tudo bem. Agora podemos começar a trabalhar".

Assim como o ódio não é o oposto do amor, a morte também não é o oposto da vida. A morte é um estágio da vida – um portal para uma nova vida. Quando estou morrendo, seja de modo literal seja de modo figurativo, ainda estou no espectro da vida. Se a vida fosse uma montanha, morrer seria a descida da montanha – que poderia ser feliz ou triste, natural ou não natural. Logo, o oposto da vida não é a morte, mas o torpor, o tédio, a monotonia, a sensaboria, a indiferença e a letargia. Nenhum desses sentimentos vem do verdadeiro espírito. Na vida espiritual, Santo Inácio considerava esse estado de espírito muito mais angustiante do que estar em desacordo com Deus ou agitado por rupturas espirituais. Aprendi com meu irmão velejador que posso usar qualquer vento, vindo de qualquer direção, para levar meu veleiro de volta para casa. Mas, se não houver vento algum, pouco poderá ser feito.

Excesso de medo e de preocupação

Uma leitura minuciosa dos Evangelhos revelaria que o mandamento mais persistente de Deus, em vez de ser sobre sexo, violência ou falta de prática religiosa, talvez seja não ter medo. Só nas narrativas do Nascimento feitas pelo Evangelho segundo Mateus e segundo Lucas, é impressionante o número de pessoas que dizem para o seu interlocutor não ter medo – praticamente todos os personagens da história!

- Disseram a Maria: "Não tenhas medo, Maria! Achaste graça diante de Deus" (Lc 1,30).
- Disseram a José: "Não tenhas medo de tomar contigo Maria, tua esposa" (Mt 1,20).
- Disseram a Zacarias: "Não tenhas medo, Zacarias, porque tua oração foi ouvida: tua esposa Isabel vai te dar um filho" (Lc 1,13).
- Por sua vez, Zacarias, cheio do Espírito Santo, proclama que Deus está visitando seu povo para que "sem temor [...] nós o sirvamos" (Lc 1,74).
- Disseram aos pastores: "Deixai desse medo! Eu vos anuncio uma boa-nova de grande alegria para todo o povo" (Lc 2,10).

Em cada um desses casos, parece que o medo é o maior obstáculo para que essas pessoas cumpram a vontade de Deus. Na verdade, nenhum outro obstáculo é mencionado. Tudo isso nos dois primeiros capítulos dos Evangelhos! Ao longo dos Evangelhos, vemos os efeitos do medo:

- O medo impede Herodes de se alegrar com o Salvador recém-nascido.
- O medo impede Nicodemos de seguir a Cristo à luz do dia.
- O medo impede os fariseus de lidar diretamente com Jesus.
- O medo impede os discípulos de reconhecer Jesus caminhando sobre as águas.

- O medo impede que Pedro caminhe sobre as águas.
- O medo leva os apóstolos a abandonar Jesus quando ele é preso.
- O medo impede Pedro de admitir sua amizade com Jesus.
- O medo impede as mulheres, ao se depararem com o sepulcro vazio, de proclamar que Jesus ressuscitou.

Com muito mais frequência do que gostaríamos de admitir, o medo é a motivação que está por trás de nossas ações. Temos medo de perder amizades, de perder o emprego, de nos machucar, de fracassar, de decepcionar os outros, de enfrentar a verdade e de parecer estúpidos. Temos medo de nossos chefes, vizinhos, líderes e, às vezes, até de nossos amigos e familiares. Acima de tudo, tememos a nós mesmos: nossas emoções irrefletidas e nossos desejos mais secretos, nossas atrações mais intensas e nossas aversões mais profundas. Esse medo, ao que parece, é a verdadeira motivação por trás das nossas ações e das nossas omissões. Do contrário, por que os Evangelhos bateriam tanto nessa tecla?

Santo Inácio diz que, para uma pessoa que procura sinceramente encontrar a vontade de Deus, o medo não é uma ferramenta do verdadeiro espírito. Quando o medo está em nossos corações, é bem provável que não estejamos prestando atenção ao que Deus está nos dizendo.

Mais adiante, definirei consolação como uma permissão para que Deus possa sonhar dentro de mim. Se esse for o caso, então a desolação seria uma permissão para que o falso espírito tenha pesadelos dentro de mim. Estou em desolação quando me preocupo com falsos futuros repletos de desastres iminentes e quando estou convencido de que, ao virar a esquina, tudo dará errado para mim. Em vez de permanecer no presente, insisto em permanecer imerso em possibilidades assustadoras que nunca acontecerão.

Lembro-me de quando aconselhei um adolescente virtuoso e inteligente que havia sido flagrado colando:

"Você é tão inteligente", eu disse a ele. "Por que fez isso?"

"Porque estou com medo de ser reprovado nesta matéria", respondeu ele. E, com toda a certeza, vi o medo em seus olhos.

"Bem, vamos dar uma olhada nas evidências", disse eu. "Você já foi reprovado nesta matéria antes?"

"Não".

"Você foi reprovado nesta matéria no último trimestre?"

"Não".

"O professor avisou que você vai ser reprovado neste trimestre?"

"Não".

"Que nota você tirou nesta matéria no último trimestre?"

"B".

"Bem, então, por que raios você acha que a sua nota vai despencar de um B diretamente para um F?"

A compreensão veio naquele momento e, finalmente, ele foi capaz de respirar. "Sim, você está certo. Eu não serei reprovado."

Certa vez, morei com um padre mais velho que havia tido uma infância difícil durante a Grande Depressão da década de 1930. Na hora do almoço, muitas vezes ele comia apenas uma pequena quantidade do que estava em seu prato para, em seguida, caminhar até seu quarto e colocar o prato de comida em uma estante. Geralmente, ele não tocava mais na comida, e tudo tinha de ser jogado fora. Quando me perguntei sobre esse comportamento estranho, alguém me disse que as pessoas que passaram

---

Ó Jesus Cristo,
quando tudo é escuridão
e sentimos nossa fraqueza
 e impotência,
dá-nos a sensação da tua
 presença,
do teu amor e da tua
 força.
Ajuda-nos a ter confiança
 perfeita
em teu amor protetor
e a fortalecer o nosso
 poder,
para que nada nos assuste
 ou nos preocupe,
pois, vivendo perto de ti,
veremos tua mão,
teu propósito e tua
 vontade
através de todas as coisas.

— AUTORIA ATRIBUÍDA A
SANTO INÁCIO DE LOYOLA

por uma experiência traumática de fome tinham um medo inconsciente de ficar sem comida e com frequência precisavam manter a comida sempre à vista, perto deles, para acalmar seus medos. Já ouvi falar de sobreviventes do Holocausto, por exemplo, acordando em pânico no meio da noite e se acalmando com o simples ato de acenderem a luz da despensa e se certificarem de que os alimentos enlatados ainda estavam lá. O hábito do padre mais velho de manter o seu o almoço na estante é uma boa metáfora do que o medo é capaz de fazer a todos nós, levando-nos a acumular coisas, pessoas, emoções e nossos próprios dons e talentos em vez de saboreá-los e compartilhá-los. O dom acumulado e não utilizado acaba passando do prazo de validade e tem de ser jogado fora.

Se analisarmos honestamente os erros que cometemos, veremos que muitos deles foram uma reação a um medo que existia secretamente dentro de nós. A psicologia nos ensina que até a raiva costuma ser uma máscara para o medo. Quando estamos com raiva, devemos nos perguntar: *"De que forma nos sentimos ameaçados neste momento?"*, e assim tomaremos conhecimento da verdadeira origem das nossas explosões emocionais.

Os medos que temos nem sempre precisam ser assim tão dramáticos. Às vezes, eles se manifestam como uma preocupação do que vem a seguir. Lembro-me de uma vez em que planejei ir a um evento com um de meus irmãos jesuítas. Decidi me vestir informalmente, mas fiquei preocupado com a possibilidade de o meu companheiro se apresentar muito mais bem vestido naquela noite. Sem absolutamente nenhuma base na realidade, convenci-me de que ele ficaria irritado comigo por eu estar vestido tão descontraidamente e faria um comentário negativo. Quanto mais eu imaginava esse confronto, mais irritado eu ficava. Sendo o jesuíta perspicaz e sagaz que sou, pensei em algumas respostas prontas que poderia usar para rebatê-lo de imediato. Bem, você já deve imaginar o fim dessa história: quando entrei no quarto dele, lá estava ele vestido de maneira ainda mais informal do que eu!

Nem todos os medos são ruins. O medo saudável me leva a trancar as portas à noite e a manter sabiamente a boca fechada quando não sei do que estou falando. Observe que, nos exemplos anteriores, é a natureza *irracional* desses medos que revela que eles não são provenientes do verdadeiro espírito.

Mas a desolação pode recorrer até a medos racionais para me impedir de agir com ousadia para o bem que fui chamado a fazer. Nas histórias do Nascimento presentes no Evangelho, os temores de José de tomar Maria como esposa eram bem fundamentados. É fácil de imaginar os problemas que ele teria de suportar por se casar com uma garota grávida na Palestina do primeiro século da era cristã. José tinha bons motivos para temer. Mas mesmo o medo racional não deve ser o condutor do ônibus. Deus às vezes me chama para fazer coisas que são genuinamente assustadoras e, nessas situações, é natural ter medo. Mas posso escolher não *me alimentar* e não *ser alimentado* por esse medo. Em vez disso, posso escolher agir com ousadia, confiando na promessa de que Deus cuidará daqueles que seguem a sua vontade.

Excesso de segredo

Antes de sua conversão, parece que Santo Inácio passou muito tempo seduzindo donzelas e mulheres casadas. Relembrando aquele período embaraçoso, ele o usou como uma metáfora para ilustrar o modo como o falso espírito costuma seduzir a todos nós:

> *[O falso espírito] procura permanecer escondido e não quer ser descoberto. Ao abordar a filha de um pai honrado ou a esposa de um bom marido para seduzi-la, ele deseja que suas palavras e solicitações sejam mantidas em segredo [...]. Da mesma forma, quando o inimigo da natureza humana tenta uma alma justa com suas artimanhas e seduções, ele deseja sinceramente que elas sejam recebidas secretamente e mantidas em segredo. Mas, se alguém as manifesta a um confessor ou a alguma outra pessoa religiosa que esteja familiarizada com as suas artimanhas e os seus desígnios maliciosos [...], as suas evidentes artimanhas terão sido reveladas.*
>
> EE 326 *Regras para o Discernimento dos Espíritos, Primeira Semana, n. 13*

Inácio nos alerta para o truque do falso espírito de fazer com que eu não revele tudo o que eu deveria para meus mentores e companheiros. O bom senso exige que eu não diga tudo a todo mundo o tempo todo. No entanto, se meus companheiros e mentores forem bem escolhidos e confiáveis, não há virtualmente nenhuma razão pela qual eu deveria esconder deles parte alguma da minha vida interior. Se eu estiver fazendo isso, é provável que o falso espírito esteja em ação. Quando estou em desolação, não posso confiar em meu próprio julgamento e precisarei recorrer à objetividade e à sensibilidade das pessoas sábias e amorosas ao meu redor. Caso contrário, estarei perdido em minha própria névoa particular e nem mesmo saberei da existência dessa névoa. O espírito da desolação tentará me deixar imerso nessa névoa, mantendo-me à distância daqueles que estão fora dela. Vou me convencer de que

- Ele não entenderia.
- Ela terá uma reação exagerada.
- Não temos tempo para falar sobre isso agora.
- De qualquer forma, não é tão importante.
- É muito constrangedor mencionar isso.
- Ele terá vergonha de mim. Isso o desapontará.
- Preciso resolver isso antes de contar a ela sobre isso.
- Vou lidar com isso mais tarde – isso pode esperar.
- Isso se resolverá sozinho.
- Ele está muito ocupado para se incomodar com isso.
- Ela está lidando com seus próprios problemas pessoais neste momento.
- Eu sei o que ela vai dizer.
- Ele vai se machucar, vai ficar nervoso ou vai ficar desapontado.
- Ela é muito antiquada, excessivamente liberal ou demasiado crítica para entender.

Se eu estiver usando esses motivos para esconder algo dos meus mentores e companheiros, devo interpretar isso como um sinal de que a desolação está tentando se perpetuar. Devo contar o quanto antes aos meus mentores e companheiros tudo o que está se passando, sem omitir nenhum detalhe.

Por exemplo, é muito comum para um noviço se convencer aos poucos de que um problema que ele está tendo atualmente é um sinal de Deus de que, afinal, a vida religiosa não era a sua verdadeira vocação. Por ser um noviço, ele pode não estar ciente de que o problema em questão é corrigível ou administrável e certamente não é um motivo para ele desistir. Mas o falso espírito o convencerá de que ele precisará chegar a esse discernimento por si mesmo, em vez de discuti-lo com o orientador dos noviços. O noviço ficará convencido de que, embora normalmente seja fundamental que ele seja completamente transparente com os seus companheiros mais experientes, sua situação específica é uma exceção à regra. O espírito da desolação silenciosamente alimentará o noviço com uma ideia falsa após outra, fazendo-o ficar cada vez mais convencido de que ele deve mesmo partir, enquanto mantém todo esse processo de discernimento em segredo. E o noviço só procurará o seu orientador quando já estiver firmemente decidido a partir. Às vezes, ele já até comprou uma passagem de avião ou ligou para um membro da família ir buscá-lo. O falso espírito terá agido de tal forma que será tarde demais para o orientador dos noviços parar o trem, que já parte a todo vapor.

Falsa consolação: uma forma avançada de desolação

Em seus escritos sobre o discernimento dos espíritos, Santo Inácio menciona uma forma específica de desolação que costuma acometer as pessoas mais espiritualizadas. A *falsa consolação* ocorre quando somos atraídos por sentimentos, pensamentos e motivações que, no início, parecem ser bons e sagrados, mas, no final das contas, nos levam a praticar ações para as quais Deus não está nos chamando ou não está nos chamando a praticar naquele momento.

Nas palavras de Inácio, o falso espírito no momento irá

> *assumir a aparência de um anjo de luz. Ele começa sugerindo pensamentos adequados a uma alma devota e termina sugerindo os seus próprios. Por exemplo, ele sugerirá pensamentos santos e piedosos que estão totalmente em conformidade com a santidade dessa alma, só para depois se empenhar em atraí-la gradualmente para as suas armadilhas ocultas e desígnios malignos.*
> EE 332 *Regras para o Discernimento dos Espíritos, S egunda Semana, n. 4*

Uma vez que um cristão começa a levar sua fé mais a sério ao orar, frequentar a igreja, buscar orientação espiritual e assim por diante, ele não será tão facilmente tentado a cometer os pecados mais ostensivos. De modo geral, ele não se sentirá tão atraído por ações que revelem falta de amor, por comportamentos autodestrutivos, promiscuidade sexual e assim por diante. Para uma pessoa como essa, as tentações podem começar a surgir como um modo de atraí-la para alguma desorientação *santa*, que acabaria por afastá-la dos seus verdadeiros chamados de Deus:

Era uma vez uma pequena e acolhedora cidade do Oeste que não tinha sino no campanário da igreja. Os habitantes empobrecidos da cidade não possuíam relógios de parede nem de pulso e, como não tinham ideia de quando a missa poderia começar, costumavam ir todos ao cemitério na manhã de domingo, onde se sentavam e conversavam uns com os outros até a missa começar.

Então, um belo dia o diabo, disfarçado de rico benfeitor, veio à cidade e doou um sino à igreja. Os habitantes da cidade ficaram exultantes e agradeceram profusamente a esse "homem santo" que havia dado um presente tão valioso. Hoje em dia, todos os domingos o sino da igreja toca alguns minutos antes do início da missa, e as pessoas não precisam mais sair de casa com tanta antecedência. Em consequência disso, todas aquelas manhãs de domingo no cemitério que a comunidade passava fortalecendo os seus laços repentinamente deixaram de existir.

Deus tem um chamado específico para cada pessoa, pois não somos chamados para fazer todas as ações santas que nos vêm à mente e tampouco para responder a todas as boas oportunidades que aparecem. Por exemplo, não posso me juntar às equipes da ajuda humanitária em andamento no Haiti e, ao mesmo tempo, dar aulas em uma escola católica no meu país. Devo escolher qual desses bons chamados Deus tenciona para mim. A falsa consolação é a experiência de me sentir como se eu estivesse em consolação, quando na verdade estou me afastando do plano que Deus traçou para mim neste momento.

Um grande exemplo disso é a experiência do próprio Jesus, narrada no Evangelho segundo Mateus. No capítulo 14, Jesus milagrosamente multiplica alguns pães em um número suficiente para alimentar milhares de pessoas. Portanto, o fato de Jesus ter o poder de criar pães milagrosamente é algo bom e santo, correto? Mas e quando, em uma ocasião

> O padre jesuíta Jean Pierre de Caussade dizia que o melhor pão é como se fosse veneno para quem não foi chamado para comê-lo e o veneno mais vil é como se fosse o melhor pão para quem foi chamado para ingeri-lo.

anterior, no capítulo 4 de Mateus, Jesus foi tentado no deserto? Lá, Jesus *resistiu* ao impulso de criar pães milagrosamente. Por que ele resistiria?

Fazer pão parece, à primeira vista, uma coisa boa e santa. Afinal, o pão estava destinado a ser um instrumento importante no ministério de Jesus. Então, por que Jesus resistiu com tanta veemência? Ele resistiu porque sabia que a fonte de sua atração para criar pão naquele momento particular de sua vida não era o verdadeiro espírito. Essa atração salutar não estava enraizada nos impulsos do Pai e não teria atraído Jesus para mais perto dele:

> Então Jesus foi conduzido pelo Espírito à parte alta do deserto, para ser tentado pelo diabo. Jejuou quarenta dias e quarenta noites, e depois sentiu fome. Aproximou-se o tentador e disse-lhe: "Se és Filho de Deus, ordena que estas pedras se tornem pães". Ele respondeu: "Está escrito: 'Nem só de pão viverá o homem, mas de toda palavra que sai da boca de Deus'".
>
> Mateus 4,1-4

Outro bom exemplo vem da minha própria experiência de vida. Por nove anos, ensinei e ministrei aulas em duas escolas jesuítas de ensino médio no Texas. Foram alguns dos anos mais felizes da minha vida. Sei que foi Deus quem me havia enviado a esse ministério e agraciado a minha vida e o meu trabalho. A gratidão foi uma das graças mais vigorosas e prevalentes que me vi trazendo a Cristo em oração durante esse período.

No entanto, durante todos aqueles anos, fiquei incomodado por não estar cuidando dos mais necessitados em alguma missão pelo mundo afora. Digo "incomodado" porque não era tanto um grande desejo, mas um sentimento de culpa por tudo que tive de bom na vida. Sentia-me culpado por ser feliz e culpado por ter uma casa confortável e três refeições regulares por dia. Também me sentia culpado por "desperdiçar" o meu precioso e jovem sacerdócio com os ricos em vez de dedicá-lo aos mais pobres. Como será explicado neste livro mais adiante, essa culpa, por não se tratar de um desejo, era uma forte indicação de que ela não vinha do verdadeiro espírito. Sabendo disso e discutindo com vários amigos e mentores ao longo dos anos, fiz a escolha consciente de não agir de acordo com aqueles impulsos "santos" de largar tudo e ir para uma missão. Mesmo assim, esses pensamentos e sentimentos persistiram e nunca me deixaram totalmente ao longo de todos os anos em minha missão de ensinar.

Falsa consolação: a experiência de sermos atraídos por sentimentos, pensamentos e motivações que, no início, parecem ser bons e santos, mas, no final das contas, nos levam a praticar ações para as quais Deus não nos está chamando ou não nos está chamando a praticar naquele momento.

Finalmente, havia chegado a hora de terminar meu segundo mandato no ensino médio jesuíta e passar para a terceira provação, que é uma experiência de formação contínua para os jesuítas que estão na Companhia há muitos anos. Como parte da experiência de formação, tive a chance de passar mais de quatro meses em praticamente qualquer oportunidade de ministério que surgisse no mundo. Ciente desse meu incômodo de não estar trabalhando nas missões durante a minha vida feliz em todos aqueles anos de trabalho no ensino médio, pedi para trabalhar para algumas das pessoas mais pobres do mundo: os sudaneses que viviam como refugiados "no sertão" situado no norte de Uganda.

Esses quatro meses mudaram a minha vida. Deus me ensinou muitas lições ao me colocar em contato com essas pessoas maravilhosas e cansadas de guerra. Uma pessoa com quem fiz amizade foi Azay, um refugiado de vinte anos que vivia em uma cabana de barro e de palha não muito longe do complexo do Serviço Jesuíta para Refugiados onde eu morava. A história extraordinária de Azay era na verdade bastante comum entre os jovens refugiados da área. Quando Azay tinha cerca de nove anos, o exército rebelde sudanês foi à sua aldeia e exigiu que cada família entregasse um menino para lutar com eles em sua guerra contra o governo. Ameaçados com a morte certa para toda a família caso desobedecessem, os pais de Azay tiveram de entregá-lo ao exército rebelde. Azay nunca mais os viu desde então. No início, seus bracinhos eram muito fracos para empunhar um rifle, então ele se tornou um ajudante a serviço dos comandantes. Mais tarde, à medida que crescia, ele se tornou um soldado nessa guerra sobre a qual ele nada sabia e da qual ele não queria participar. Um dia, quando era adolescente, Azay e vários de seus colegas soldados escaparam do exército. Essa fuga levou anos a fio e os fez cruzar desertos e rios infestados de crocodilos em vários países. Por fim, ele acabou se fixando no norte de Uganda, construiu sua pequena cabana de barro com um de seus amigos e se estabeleceu o melhor que pôde.

Mas ainda não mencionei a parte mais notável da história: Azay era uma das pessoas mais felizes que eu já havia conhecido! Ele era gentil e devoto, trabalhador e engraçado. Sorria o tempo todo e cantava canções de louvor a Jesus o dia inteirinho. Era um homem de negócios, dedicando-se com afinco ao serviço de carpintaria e à sua granja. Era bonito e tinha amizades sólidas com pessoas de todas as idades. Esse cara tinha tudo o que poderia ter!

Enquanto isso, uma vez por semana eu viajava por uma hora e meia para a "cidade" para fazer compras e realizar outras tarefas. Checando meu e-mail no cibercafé, recebi atualizações sobre Billy, um ex-aluno meu de Dallas que estava tendo algum tipo de colapso psicológico e espiritual. A cada semana as notícias pioravam, até que finalmente Billy foi internado em uma clínica, onde definhou por um bom tempo. O passado de Billy não poderia ser mais diferente do de Azay. Ele cresceu em uma família americana rica e era profundamente amado e bem cuidado. Frequentou as melhores escolas, desfrutou de férias emocionantes e foi um membro ativo na igreja e no escotismo. Ele teve a educação americana perfeita.

Azay e Billy tinham mais ou menos a mesma idade, então não foi surpreendente que, em minhas reflexões, eu muitas vezes comparasse essas duas vidas diferentes. Um dia, admirando-me da mais pura alegria desse africano destituído e da miséria desse americano rico, ouvi Jesus me perguntar: *"Mark, qual desses dois jovens precisa mais de um padre? Qual deles é o mais necessitado?"*.

Por meio dessas e de outras experiências, gradualmente recebi a graça de me livrar da culpa que me impedia de dar tudo de mim aos meninos dos nossos colégios jesuítas. Finalmente, o falso espírito, disfarçado com o manto angelical de um missionário africano, havia revelado sua verdadeira identidade. Voltei para os Estados Unidos completamente mudado e pronto para aceitar qualquer coisa para a qual Deus me chamasse em seguida, a despeito de todas as alternativas aparentemente mais santas com as quais o falso espírito quisesse me tentar.

> Todos os dias você tem de dizer "sim" e se entregar totalmente! Estar onde ele quiser que você esteja. Se Deus quiser que você esteja em um palácio, tudo bem, aceite estar em um palácio.
> — MADRE TERESA DE CALCUTÁ

Aqui estão alguns exemplos menos dramáticos de como o falso espírito pode aparecer como um anjo de luz:

- Uma jovem entra para o convento não porque se sente chamada para isso, mas porque pensa que é uma opção de vida mais santa e mais perfeita do que a maternidade.
- Uma mãe é extremamente rígida ao pressionar o filho a tirar boas notas.
- Um pai sufoca sua filha com atenção e presentes, e ela nunca cresce.
- Um homem de meia-idade abandona sua família porque se apaixonou por uma mulher que "realmente me entende pelo que sou".

- O amigo de um alcoólatra fica obcecado em "endireitá-lo".
- Uma jovem estudante universitária católica não entrega um trabalho importante porque passou todo o tempo se preparando para o próximo retiro do Centro Católico.

Em suma, um bom cristão pode estar em falsa consolação quando é atraído por algo santo que por acaso é

- a missão errada para esta pessoa em particular;
- a missão certa, mas no momento errado;
- a missão certa, mas com o método, a ênfase ou o grau de envolvimento errados.

A combinação de características

Depois de examinar uma série de características do falso espírito, podemos compreender que geralmente é uma combinação dessas características que constitui a experiência da desolação. Tome, por exemplo, uma senhora idosa que está sozinha e entediada em uma casa vazia e gostaria de ir ao centro comunitário para ver seus amigos. Como não dispõe de meio de transporte, ela pensa em contar ao seu filho sobre seus desejos, mas decide não contar (*segredo*). "É anticristão tornar-me um fardo para os outros (*maus pensamentos disfarçados de anjos de luz*). Além disso, se eu incomodar muito o meu filho, ele vai começar a se ressentir e vai parar de vir me visitar" (*preocupação irracional com o futuro*).

Pode ser que o filho deseje muito ser mais ativo na vida da mãe. Pode ser que o filho saiba que o centro comunitário oferece transporte gratuito, mas não sabe que sua mãe deseja ir até lá. Talvez Cristo esteja chamando essa mulher para ser mais sociável, e foi ele quem incutiu nela esse desejo de ir ao centro comunitário, mas o falso espírito a convenceu de que não é cristão expressar os seus desejos.

Essas combinações de características produzem o efeito de nos isolarmos e de nos afastar de Deus e dos nossos entes queridos.

3
Características da consolação e do verdadeiro espírito

> *Em contrapartida, é característico do bom espírito dar força e coragem, consolo, lágrimas, inspiração e paz. E assim o faz facilitando tudo e removendo todos os obstáculos do caminho para que a alma dessas pessoas prossiga praticando o bem.*
>
> EE 315 *Regras para o Discernimento dos Espíritos, Primeira Semana, n. 2*

As características da consolação geralmente são opostas às características da desolação. Se a desolação é o estado de falta de fé, de esperança e de amor, logo estar em consolação é experimentar essas virtudes em abundância. Se o medo geralmente acompanha a desolação, então a coragem geralmente acompanha a consolação. E assim por diante:

> *Chamo de consolação o momento em que um movimento interior é despertado na alma, pelo qual ela é inflamada no amor por seu Criador e Senhor, e, em consequência disso, nenhuma criatura pode ser amada na face da terra por si mesma, mas apenas pelo Criador de todas elas. A consolação também se dá com o derramamento de lágrimas que conduz ao amor de Deus, seja pela dor dos pecados, seja pelos sofrimentos de Cristo, nosso Senhor, seja por qualquer outro motivo que seja imediatamente direcionado para o louvor e o serviço de Deus. Finalmente, chamo de consolação todo o*

aumento da fé, da esperança e do amor, e toda alegria interior que convida e atrai para o que é celestial e para a salvação da alma, enchendo-a de paz e tranquilidade em seu Criador e Senhor.

EE 316 *Regras para o Discernimento dos Espíritos, Primeira Semana, n. 3*

Leva anos para entendermos as sutilezas fundamentais dessas experiências e para abandonarmos os conceitos errôneos de que estar em consolação é sinônimo de sentir-se bem e de que estar em desolação significa sentir-se mal.

Estou em consolação quando tenho

- fé, esperança e amor;
- a sensação da proximidade de Deus;
- paz e tranquilidade;
- grandes desejos;
- transparência.

Fé, esperança e amor

Chamo de consolação todo aumento da fé, da esperança e do amor.
EE, *Regras para o Discernimento dos Espíritos,*
Primeira Semana, n. 3

O "aumento da fé, da esperança e do amor" é colocado em primeiro lugar na minha lista de características porque ele e a próxima característica (a sensação da proximidade de Deus) são os maiores sinais reveladores de desolação ou de consolação. Considere a famosa "passagem da caridade" em 1 Coríntios 13: "Se eu falasse as línguas dos homens e dos anjos, mas não tivesse a caridade, seria um bronze que soa ou um sino que toca". Minha vida espiritual pode estar repleta de pensamentos santos e percepções inteligentes. Posso estar cheio de sentimentos afetuosos e posso ter descoberto novos dons e talentos dentro de mim. Mas, se esses pensamentos, sentimentos e talentos não estão aumentando a minha fé, a minha esperança e o meu amor, então para que serviriam?

Ou posso estar me sentindo deprimido hoje. Posso ter falhado miseravelmente em alguma tarefa. Posso estar confuso sobre onde estou na vida ou zangado com algo que aconteceu. Mas, se minha raiva me motiva a sair em buscar da justiça ou da verdade, se minha confusão me leva a confiar em Deus mais do que em mim mesmo, se o meu fracasso ou a minha tristeza me levam a estender a mão para as pessoas presentes em minha vida, então talvez essas experiências negativas não sejam afinal de contas tão negativas assim.

Clara era uma jovem bondosa e tranquila que lutava contra a passividade. Por vários motivos, ela achava difícil ser proativa e assertiva em seus chamados cristãos. Enquanto fazia um retiro inaciano, ela se sentiu chamada a vivenciar interiormente o trauma do sofrimento e da morte de Jesus.

Em meio a essa experiência, um dia ela entrou bruscamente no gabinete do orientador do retiro e descreveu asperamente o "absurdo" que havia sido a paixão de Jesus. "Isso não deveria ter acontecido", ela disse com fúria em sua voz. "Ele não fez nada de errado!". À medida que o retiro continuava, essa raiva pela injustiça da paixão de Cristo resultou em um forte desejo de agir – de fazer algo a respeito das injustiças absurdas com as quais Clara vinha se defrontando em sua vida.

Martinho era um sacerdote jovem e devoto que queria muito estar perto de Cristo, mas lutava contra o orgulho espiritual, levando mais crédito do que deveria por suas realizações e aparente santidade. Quando ele começou a orar a paixão de Cristo, não sentiu absolutamente nada no início. Por essa razão, ele se sentiu frustrado por sua incapacidade de sentir qualquer coisa enquanto observava Cristo sofrer por ele. À medida que o retiro prosseguia, a frustração transformou-se em autoaversão, tanto que, ao final dessa fase do retiro, Martinho não estava mais concentrado em Jesus, mas em seu próprio coração aparentemente frio.

> Se eu falasse as línguas dos homens e dos anjos, mas não tivesse a caridade, seria um bronze que soa ou um sino que toca. E, se tivesse o dom da profecia e conhecesse todos os mistérios e toda a ciência, e, se eu tivesse toda a fé, a ponto de transportar montanhas, mas não tivesse a caridade, não seria nada. Ainda que eu distribuísse todos os meus bens para o sustento dos pobres, e entregasse o meu corpo para ser queimado, se não tiver caridade, isso não me serve de nada. Agora estas três coisas permanecem: a Fé, a Esperança e a Caridade. Mas a maior delas é a Caridade.
> — 1 Coríntios 13,1-3.13

Clara estava em desolação ou em consolação? E Martinho? Precisaríamos de mais informações para sabermos com certeza, mas, pelas descrições, tudo indica que Clara estava em consolação e Martinho em desolação.

Por quê? É porque a raiva que Clara sentiu pela injustiça da cruz a levou a agir com mais amor para com as pessoas que sofriam perseguição ao seu redor. Esse sentimento parecia levar a um *aumento do amor* que ela sentia. No entanto, embora se possa pensar que a aversão de Martinho por si mesmo iria diminuir seu orgulho, na verdade parecia aumentar sua atenção sobre si mesmo, e aparentemente ele acabou trocando o seu orgulho egocêntrico por uma aversão egocêntrica. À medida que seu retiro ia passando, não havia como se aproximar de Jesus ou dos outros. Essa aversão a si mesmo confirma ainda mais a presença do orgulho em sua vida, porque, em vez de reconhecer que essa compaixão deve vir como uma graça de Deus, Martinho ainda acreditava subconscientemente que essa compaixão pelo sofrimento de Jesus deveria vir apenas por parte dele. Aparentemente houve uma *diminuição da fé e do amor*.

Se o falso espírito me deixou confuso e desorientado, muitas vezes posso evitar a confusão e desordem interior perguntando a mim mesmo em oração: *O que há de mais amoroso que eu possa fazer? O que há de mais esperançoso que eu possa fazer? O que eu poderei fazer que demonstre mais fé?* Certa vez, um irmão jesuíta mais jovem me confrontou publicamente ao expor como eu o havia irritado de diversos modos. Escutei em silêncio e falei pouco na hora, preferindo pensar e orar antes de responder. Nos dias seguintes, passei a acreditar que algumas de suas reclamações sobre mim eram justificáveis e outras não. Nos pontos com os quais concordei, me comprometi a admitir a ele minha necessidade de mudança e a prometer colocá-la em prática. No entanto, discordei de alguns de seus outros pontos e senti que minha integridade e honestidade também me obrigariam a dizer isso a ele.

O problema é que o meu orgulho ferido me levou a ter fantasias nas quais eu o repreendia ou dizia algo que o magoasse. Como expressar minhas discordâncias sem permitir que a minha mágoa e a minha raiva procurassem me vingar? Sabendo que o verdadeiro espírito só pode vir do amor, preparei-me para o encontro perguntando-me em oração: *Qual é a coisa mais amorosa que eu poderia dizer a ele? Qual é a maneira mais amorosa de dizer isso?* Depois de me desculpar com ele pelos meus erros, procurei confrontá-lo sobre os nossos pontos de desacordo, mas apenas de um modo que realmente o ajudasse a crescer. Foi uma ótima conversa, que realmente fortaleceu nossa amizade.

A sensação da proximidade de Deus

Chamo de consolação o momento em que um movimento interior é despertado na alma, pelo qual ela é inflamada no amor por seu Criador e Senhor, e, em consequência disso, nenhuma criatura pode ser amada na face da terra por si mesma, mas apenas pelo Criador de todas elas.

EE 316 *Regras para o Discernimento dos Espíritos, Primeira Semana, n. 3*

Um dos sinais mais fortes da consolação é a sensação intensa, profunda e duradoura da presença de Deus. Não é suficiente simplesmente acreditarmos que Deus existe e que Deus é bom, mas sim *experimentarmos* a presença de Deus e o amor *pessoal* que Deus tem por nós do fundo de nossas almas. Nesse grau de intimidade, Deus parece estar contemplando diretamente a cada um de nós. "Chamei-te pelo nome", disse Deus por meio do profeta Isaías:

> Agora, assim fala Javé,
> que te criou, ó Jacó;
> aquele que te formou, ó Israel!
> "Não temas, eu te resgatei!
> Chamei-te pelo nome, és meu."
>
> Isaías 43,1

Quando alguém está em consolação e lê essas palavras, saberá que são verdadeiras por causa da proximidade de Deus em seu coração. E proclamará com reverência e admiração: "Eu *sou* de Deus!"

Embora a experiência de se sentir exclusivamente amado ou amada por Deus muitas vezes comece na intimidade da oração individual, ela nunca permanece privada. Quando a pessoa que ora retorna à vida cotidiana, ela reconhece e reverencia o amor de Deus por ela em cada objeto, pessoa ou acontecimento. De repente, existe uma quarta dimensão no universo – uma realidade recém-descoberta do amor pessoal de Deus cantando na serenidade e na ação da criação, na solidez de uma árvore e na fúria de uma tempestade. Inácio colocou desta forma:

> *[Trago à memória] as bênçãos da criação e da redenção e os favores especiais que recebi. Vou ponderar com muito carinho o quanto Deus, nosso Senhor, tem feito por mim, o quanto ele me deu do que ele possui e, finalmente, tanto quanto ele puder, o quanto o mesmo Senhor deseja se doar a mim em consonância com os seus decretos divinos. [Segundo Ponto] Isso se reflete no modo como Deus habita nas criaturas: nos elementos, dando-lhes existência, nas plantas, dando-lhes vida, nos animais, conferindo-lhes sensações e no homem, concedendo-lhe compreensão. Então ele habita em mim e me concede o meu próprio ser, a minha vida, as minhas sensações e a minha inteligência e faz de mim um templo, pois fui criado à imagem e semelhança da Divina Majestade.*
> *[Terceiro ponto] Tudo isso para considerarmos como Deus trabalha e trabalha por mim em todas as criaturas sobre a face da terra, ou seja, ele se comporta como alguém que trabalha. Assim, no que diz respeito aos céus, aos elementos, às plantas, aos frutos, ao gado etc., ele concede-lhes sua própria existência, conserva-os, confere-lhes vida e sensações etc.*
> *[Quarto Ponto] Desse modo, consideram-se todas as bênçãos e dons como provenientes das alturas. Assim, meu poder limitado vem do poder supremo e infinito que está acima de mim, e, do mesmo modo, a justiça, a bondade, a misericórdia etc. vêm de cima como os raios de luz que descem do sol e como as águas que fluem de suas fontes.*
> EE 230-237 *Contemplação para alcançar o amor de Deus.*

Assim que experimentamos tal amor em toda a criação, é impossível amar a criação apenas com um amor humano. Para alguém em consolação, "nenhuma criatura pode ser amada na face da terra por si mesma", diz Inácio, "mas apenas pelo Criador de todas elas". As pessoas em consolação não amam simplesmente a criação, as pessoas e as coisas – elas amam a Deus, que está trabalhando em todas essas coisas.

Esse amor divino que é transmitido entre a presença de Deus em mim e a presença de Deus na criação me leva a uma sincronicidade transcendente com a criação. O ritmo do universo pulsa em sincronia com o pulso primordial do meu coração. Sinto a pulsação de Deus em tudo isso: primeiro no meu coração, depois no canto dos pássaros, em uma folha silenciosa, em um bebê chorando e, pasmem, até mesmo no motor de um carro ligado e em uma geladeira zumbindo. É tudo pulsação de Deus – em todos os lugares e em tudo. E em todas essas maneiras comuns e mundanas, diz Santo Inácio, a ação do bom espírito é "delicada, gentil e agradável e pode ser comparada a uma gota d'água penetrando em uma esponja". A doçura e a santidade do universo, apesar de toda a devastação causada pela humanidade, entram em meu coração "como quem entra em sua própria casa quando as portas estão abertas" (*EE* 335 Regras para o Discernimento dos Espíritos, Segunda Semana, n. 7).

Em um nível mais pragmático, essa melodia divina às vezes se revela no que o mundo secular chama de coincidência, no que a comunidade transbordante de fé chama de providência. Deus usa o acaso e os acontecimentos aleatórios para se comunicar conosco. Lembro-me de recentemente ter me sentido

> Talvez o acaso seja o pseudônimo de Deus quando ele não deseja assinar sua obra.
> — ANATOLE FRANCE

chamado a fazer meu retiro anual em um mosteiro, em vez de na casa de retiro jesuíta habitual. Mas qual mosteiro? Pensei nisso por várias semanas, sem um forte senso de direção. Na verdade, senti uma necessidade de adiar essa decisão e de esperar que Deus me avisasse. Então, um belo dia, um irmão jesuíta colocou em minha caixa de correio um recorte de jornal recente elogiando a hospitalidade de um mosteiro beneditino chamado Abadia da Conceição. Tomei isso como um sinal e explorei mais a possibilidade. Meses depois, eu estava lá, onde fiz um dos melhores retiros da minha vida.

Paz e tranquilidade

Em contrapartida, é característico do bom espírito dar força e coragem, consolo, lágrimas, inspiração e paz. E assim o faz facilitando tudo e removendo todos os obstáculos do caminho para que a alma dessas pessoas prossiga praticando o bem.

EE 315 *Regras para o Discernimento dos Espíritos,*
Primeira Semana, n. 2

Chamo de consolação [...] [tudo aquilo que enche a alma] de paz e tranquilidade em seu Criador e Senhor.

EE 316 *Regras para o Discernimento dos Espíritos,*
Primeira Semana, n. 3

O capítulo anterior explicou que Inácio se preocupava não tanto com "as perturbações e tentações", que ele sabia que eram inevitáveis, mas com "*a inquietação oriunda* de uma série de perturbações e tentações". Da mesma forma, a paz e a tranquilidade que acompanham a consolação não devem ser entendidas como ausência de problemas e de emoções negativas. Esta é uma expectativa irreal. A paz da consolação não é uma paz "como a dá o mundo" (Jo 14,27), que é simplesmente o estado de não beligerância. Em vez disso, a paz da consolação é a capacidade específica de se encontrar em paz em meio a uma série de perturbações e tentações que afligem a minha vida. Esta paz não é uma paz *sem* problemas, perturbações e assim por diante. Nem mesmo é uma paz *apesar* dos problemas. É uma paz divina justamente *sobre* a presença dessas questões difíceis e não resolvidas da minha vida. Sei que tenho problemas. Estou totalmente ciente dos aspectos desagradáveis e não redimidos da minha vida. Na superfície, posso me sentir terrivelmente chateado, zangado ou triste com eles. Mas tenho uma sensação *mais profunda* de que Deus está *trabalhando* até mesmo nessas partes difíceis da minha vida. Tenho a sensação de que, assim como Deus pode transformar algo repreensível de execução pública em um meio de salvação, ele pode transformar toda e qualquer parte repreensível de minha vida também. A tranquilidade da consolação é a certeza não só de que Deus me salvará *dos* problemas da minha vida (autoinfligidos ou não), mas também de que Deus vai me salvar *por meio* desses problemas. Somente uma garantia como essa pode me dar uma paz verdadeira.

Uma leitura mais cuidadosa das histórias da Ressurreição do Evangelho mostra exemplos dessa paz não eufórica da consolação. Uma avaliação inteiramente prática da Ressurreição nos levaria a crer que ela não foi assim tão bem-sucedida. Todos os problemas da comunidade cristã primitiva antes da Ressurreição parecem permanecer os mesmos depois da Ressurreição: Marta ainda se encontra muito apegada a Jesus, Tomé ainda tem dúvidas, os discípulos ainda fogem e se escondem de suas vocações, Pedro teimosamente se apega à sua necessidade de controle, e os sacerdotes, eruditos e líderes governamentais ainda conspiram com mentiras e falsas acusações. Com todos esses problemas ainda presentes, qual foi o propósito da Ressurreição? O que mudou? Onde está essa paz que Cristo prometeu?

Os Atos dos Apóstolos têm a resposta para isso:

> Em face desse desassombro de Pedro e João [os fariseus] ficaram admirados, considerando que eram gente analfabeta e simples. Reconheceram-nos porque tinham sido companheiros de Jesus […]. [Eles] proibiram-lhes taxativamente que de jeito nenhum falassem ou ensinassem em nome de Jesus. Mas Pedro e João responderam: "Cabe a vós decidir diante de Deus: devemos obedecer a vós ou a Deus? Porque não podemos calar sobre o que vimos e ouvimos" […].
> Então alguém chegou com esta notícia [aos fariseus]: "Os homens que pusestes na cadeia estão no templo ensinando ao povo" […]. O Sumo Sacerdote os repreendeu com estas palavras: "Já vos proibimos terminantemente de ensinar nesse nome; e no entanto enchestes Jerusalém com vossa doutrina e quereis tornar-nos responsáveis pelo sangue desse homem!". Então Pedro e os apóstolos responderam:

> "É preciso obedecer mais a Deus do que aos homens" [...]. Ouvindo isso, [os fariseus] ficaram furiosos e queriam matá-los [...]. Depois de surrá-los, ordenaram que nunca mais falassem em nome de Jesus. Por fim os soltaram. Assim é que os apóstolos saíram do Conselho, contentes por terem sido julgados dignos de sofrer essas afrontas pelo Nome de Jesus. Não cessavam de ensinar todos os dias no templo e pelas casas, anunciando a boa-nova de que Jesus é o Messias.
>
> Atos 4,13-20; 5,25-42

Esse relato revela todos os sinais da consolação. Pedro, aquele que antes da Ressurreição tinha muito medo de simplesmente admitir que conhecia Jesus, acaba falando incessantemente sobre ele – apesar das ameaças, dos espancamentos e do encarceramento. Apesar de reter as limitações de seu passado (o evangelista nos lembra que eles eram "homens incultos e sem instrução"), o "desassombro de Pedro e João" espantou e paralisou os fariseus.

Ao analisarmos essa paz e tranquilidade por outro ângulo, poderíamos chamar essa característica da consolação de *coragem* em oposição ao medo paralisante da desolação. Assim como a paz de Cristo só pode ser encontrada por meio das perturbações, e não apesar delas, essa coragem também pode ser encontrada em meio ao medo, mas sem eliminá-lo. A coragem da consolação é uma confiança segura de que Deus proverá para aqueles que estão fazendo a obra de Deus.

Esta é a paz, a tranquilidade e a coragem da consolação. É uma garantia de Deus e uma confiança que depositamos nele em meio às nossas provações e limitações, aos fracassos do passado e aos perigos do futuro.

Perspectiva verdadeira: uma subcategoria

Assim como a confusão pode ser considerada uma subcategoria da inquietação da desolação, a perspectiva verdadeira também pode ser considerada uma subcategoria da paz e da tranquilidade. Uma pessoa que experimenta a consolação sabe muito bem que não tem todas as respostas. Durante os primeiros estágios do processo de discernimento, ela pode não ter nenhuma resposta. Mas uma pessoa em consolação não se preocupa com o problema, porque ela entende que essa é uma parte normal da experiência humana e uma etapa saudável, talvez até mesmo necessária, para chegar a um bom discernimento. Ela está confusa com a situação, mas a mantém em perspectiva. Ela sabe que não precisa ter todas as respostas, porque aquele que tudo sabe também é onipotente e bom. Ela confia que Deus irá iluminar sua mente quando chegar a hora certa. Em seu livro *The Holy Longing* ["A aspiração sagrada"], Ronald Rolheiser discorre com eloquência sobre nossa frustração humana quando passamos por fases de incerteza e de confusão. Ele afirma que todo o esforço cristão digno terá seus momentos

> Nem todos aqueles que vagueiam estão perdidos.
> — J. R. R. TOLKIEN

de suor de sangue no jardim. O erro seria permitir que a confusão e a tensão nos levassem a uma reação precipitada que aliviaria essa tensão, mas não seria necessariamente uma resposta ao chamado de Deus. Na consolação, uma pessoa pode manter a incerteza, a tensão e a confusão em perspectiva, confiando que Deus agirá de acordo com o cronograma divino.

Grandes desejos

> *Chamo de consolação [...] toda alegria interior que convida e atrai para o que é celestial.*
>
> EE 316 *Regras para o Discernimento dos Espíritos, Primeira Semana, n. 3*

Os grandes desejos são uma parte tão entranhada da espiritualidade inaciana que exigem um tratamento mais completo do que as outras características da consolação. Sendo assim, muito mais será dito sobre esses desejos em uma seção do capítulo 7 chamada "Sonhe os sonhos" (Fase 3). Por enquanto, podemos dizer que um sinal seguro da presença do verdadeiro espírito são os santos desejos que inflamam o meu coração para fazer o bem no mundo. Em Gênesis 1, o leitor pode sentir o desejo divino de criar. Pode-se sentir a paixão de Deus Pai que diz: "Haja luz" e: "Façamos o homem à nossa imagem". Quando estou em sintonia com o amor sempre criativo de Deus, também tenho essa paixão de criar, esse desejo de dar à luz uma nova vida. É um dos aspectos mais sagrados do ser humano.

Transparência

Já vimos como o falso espírito costuma agir por meio do segredo. O oposto pode ser dito em relação ao verdadeiro espírito. "Deus é luz e nele não há nenhuma espécie de trevas", diz a Primeira Carta de São João (1Jo 1,5). Não existe sentimento mais intenso do que trazer algum pensamento tenebroso e privado para a luz do dia. Compartilhar com um ente querido de confiança aquilo que foi "mantido no escuro" é uma experiência libertadora. Anos de ministério em escolas de ensino médio me ensinaram que os adolescentes muitas vezes cometem o erro de pensar que têm de sofrer por conta própria com as dores do crescimento e que ninguém vai entender o que eles estão passando. Sendo um padre, sujeito à estrita confidencialidade do confessionário, muitas vezes tive o privilégio de ser o único a quem um adolescente teria coragem para revelar todos os seus segredos. Quando ele finalmente diz em voz alta o que o está acometendo há semanas, meses ou às vezes anos, posso visivelmente observar o alívio em seu rosto e a leveza em seus ombros.

Esperamos que, uma vez que um cristão devidamente amadurecido tenha superado os seus medos da adolescência, reúna coragem para falar em voz alta sobre os movimentos mais sombrios dentro dele *antes* que eles o levem à ação. Recentemente, eu disse ao meu mentor: "Preciso contar a você sobre uma coisa, não porque acho que é um problema, mas por uma questão de transparência". Então, contei-lhe sobre os sentimentos que eu estava tendo e que eram tão embaraçosos para mim que preferiria não os ter revelado para ninguém. Ele ouviu atentamente e então tivemos uma ótima conversa sobre isso. Fazendo uma retrospectiva desse momento, ainda não acredito que os sentimentos que estava tendo teriam se tornado um problema, mas tenho a forte sensação de que falar em voz alta sobre eles para alguém me fortaleceu contra as "perturbações e tentações" do falso espírito.

Neste ponto, pode ser útil dar uma olhada nas características da consolação e da desolação, lado a lado.

Tabela 1: Desolação e consolação, lado a lado	
Estou em desolação quando estou vazio	**Estou em consolação quando tenho**
• de fé, de esperança e de amor • da sensação da proximidade de Deus **e repleto de alguma combinação entre** • inquietação e perturbação • tédio e tepidez • medo e preocupação • segredo	• fé, esperança e amor • a sensação da proximidade de Deus • paz e tranquilidade • grandes desejos • transparência

Exercício de oração A:
O verdadeiro espírito em minha vida

1. Comece a sua oração colocando-se em uma posição de alerta, mas confortável. Passe um bom tempo se aquietando e pedindo ao Espírito de Deus para estar presente e enchê-lo de vida. Mergulhe no Espírito como faria em um banho quente.

2. Se você se sente chamado a fazer isso, comece a refletir sobre um momento em que você estava claramente passando por um período de consolação – isto é, um momento de profunda paz interior, durante o qual você experimentou grandes desejos de fé, esperança e amor. Pode ter sido um momento de tristeza ou de tragédia à sua volta, mas de paz e tranquilidade interior. Peça a Deus para revelar este momento a você, para que você possa aprender com ele. Volte para aquele lugar de profunda paz interior. Aqui

estão algumas maneiras pelas quais você pode refletir sobre esses momentos de consolação:

- Leia e reflita atentamente sobre as palavras de Jesus em João 14,27. Como é a paz de Cristo? Como você a experimenta? Como não é a paz que o mundo dá? Observe como essa paz não implica que todos os problemas internos e externos de sua vida sejam solucionados e resolvidos, mas que você tenha uma relação nova e diferente com esses problemas.
- Ao relembrar aquele período de consolação, reflita cuidadosamente sobre o quanto você se sentia perto de Deus e o quanto parecia natural para você ter cada vez mais fé, mais esperança e mais amor.
- Ao fazer uma retrospectiva daquele período de consolação, lembre-se de como foi fácil reconhecer "Deus trabalhando em todas as coisas e eventos que foram criados", como disse Santo Inácio. Veja como ficou claro para você ver a mão de Deus em todos os aspectos da vida, mesmo os mais difíceis.

Parte 2

RESPONDENDO À DESOLAÇÃO E À CONSOLAÇÃO

A Parte 1 introduziu a vida de Santo Inácio de Loyola e contou como ele começou sua exploração do discernimento dos espíritos ao longo de sua vida (capítulo 1). Em seguida, tivemos uma descrição das características do falso espírito e de sua consequente desolação, e a do verdadeiro espírito e de sua consequente consolação (capítulos 2 e 3).

A Parte 2 apresenta os conselhos de Inácio sobre o que fazer com esse reconhecimento do verdadeiro espírito e do falso. No dia a dia, como devemos sentir, pensar e agir quando estamos em desolação ou em consolação?

4
Quando em desolação

Quando era menino, eu me lembro de que costumava passar pelo extintor de incêndio embutido na parede da escola e ler as grandes letras vermelhas pintadas no painel de vidro: "Em caso de incêndio, quebre o vidro". Por ser um menino bem-comportado e estudar em uma rigorosa escola primária católica, tive dificuldade de me imaginar quebrando aquele vidro, mesmo se houvesse um incêndio. Certamente teria de haver um grande incêndio para que eu pudesse explicar para as freiras o porquê de haver tanto vidro quebrado espalhado pelo chão!

Um dos objetivos do estudo das regras inacianas para o discernimento é ter à nossa disposição um meio de apagar o fogo da desolação. Como qualquer pessoa que experimentou a desolação já sabe, muitas vezes é impossível eliminá-la imediatamente ou de forma definitiva. Mas Santo Inácio nos ensina que há muito que podemos fazer para conter esse fogo quando passamos por um período de desolação, que não é um tempo perdido nem um momento para nos tornarmos passivos. É hora de quebrar o vidro! Ainda assim, Santo Inácio nos diz que devemos agir com cuidado quando estamos em desolação. Esse é um momento complicado, durante o qual é fácil cometermos erros. Por esse motivo, este capítulo do livro pode ser o mais importante. Temos em seguida oito respostas úteis à desolação.

Resposta 1: dê um nome à desolação

Na história da criação narrada em Gênesis 2, Deus atribui a Adão o papel de dar um nome a todas as criaturas da terra. Esse detalhe não é meramente pitoresco ou sentimental, pois nomear alguma coisa é uma forma de ter autoridade sobre ela. Quando uma criança dá um nome a seu animal de estimação ou um marinheiro dá um nome ao seu navio, passa a existir uma relação, e aquele que dá o nome tem autoridade sobre aquele ou aquilo que foi nomeado. Vemos essa realidade não apenas em Gênesis, mas em todos os Evangelhos:

- Isabel e Zacarias, a pedido de Deus, insistem em dar o nome de João ao filho deles (Lc 1,5-25.57-66).
- Jesus faz de Simão o seu braço direito, declarando-lhe: "Pois também te digo: tu és Pedro e sobre esta pedra edificarei a minha Igreja" (Mt 16,13-20).
- Para expulsá-lo, Jesus exige do espírito impuro: "Qual é o teu nome?". Da mesma forma, Jesus não permite que nenhum espírito impuro o chame pelo nome (Mc 1,23-28.34; 5,1-10).

Também aprendemos em psicologia que dar um nome a uma experiência pode nos libertar. Em contrapartida, experiências que não têm um nome podem nos assustar ou até mesmo nos paralisar. A psicóloga Katherine Clarke define trauma como "uma experiência em busca de articulação". Com isso, ela quer dizer que experimentamos traumas quando não conseguimos compreender algo que acontece conosco e que não se encaixa em nossas categorias. Por exemplo, uma pessoa que é traída por seu melhor amigo passa por traumas porque essa nova ocorrência (de traição) não combina com o nome que ela atribuiu a essa pessoa (melhor amigo). O propósito do processo terapêutico, então, é ajudar o paciente a articular a experiência, ou seja, encontrar uma maneira de dar um nome adequado para o que aconteceu. Assim que alguém tiver feito isso com sucesso, a experiência ainda poderá ser dolorosa, mas não será mais traumática.

A sabedoria dos Alcoólicos Anônimos nos ensina que o primeiro passo para a recuperação de um alcoólatra é dar um nome ao problema e admiti-lo, ou seja, dizer: "Meu nome é Eduardo, e sou um alcoólatra". Seu alcoolismo é uma realidade há muito tempo, mas o seu medo o impediu de chamá-lo assim. Só depois de nomeá-lo em voz alta é que ele poderá começar a recuperar a sua vida.

> Javé Deus plasmou do solo todos os animais do campo e todas as aves do céu. Conduziu-os à presença do homem, para ver que nome lhes daria: todo ser teria o nome que o homem lhe desse.
> — GÊNESIS 2,19

Considere o que com frequência acontece durante o sacramento da reconciliação. O penitente está sobrecarregado por algo que ele fez, mas manteve isso em segredo, muitas vezes até mesmo de seus próprios pensamentos. No confessionário, ele recorre a termos mais vagos como "pensamentos e ações impuros" em vez de masturbação ou "irreverência" em vez de dizer: "Estou zangado com Deus". Os poderosos efeitos da vergonha fazem com que fiquemos com medo de identificar o nosso ato pecaminoso em voz alta. Muitas vezes desafio o penitente a dizer exatamente o que fez. Nomear o ato em termos diretos e inequívocos revela sua pequenez diante do poder do amor e da misericórdia de Deus. Depois de fazer isso, o penitente fica visivelmente

> "Senhor?". disse Harry. "Eu estive pensando [...]. Senhor – mesmo se a Pedra se for, Vol... – quer dizer, Você-Sabe-Quem..." "Chame-o de Voldemort, Harry. Sempre use o nome adequado para as coisas. O medo de um nome aumenta o medo da própria coisa."
> — J. K. ROWLING, Harry Potter and the Sorcerer's Stone ["Harry Potter e a pedra filosofal"], 298

aliviado. Deixar o ato sem nome alimenta o seu poder, mas dar um nome a ele permite que nos apropriemos dele. Só depois de reivindicar o ato como nosso, poderemos entregá-lo a Cristo.

Vemos que esta realidade está bem estabelecida na experiência humana e em todo lugar, das Escrituras aos Alcoólicos Anônimos, dos sacramentos à cultura *pop*. Mas como essa percepção pode nos ajudar a lidar com a desolação? Considere a história a seguir, de um homem chamado Noah:

A história de Noah

Conforme prescrito por Santo Inácio, todo jesuíta deve praticar os Exercícios Espirituais regularmente, passando vários dias em silêncio e oração, e encontrando-se com o orientador do retiro uma vez por dia sem a presença de mais ninguém. Noah era um jovem jesuíta apaixonado cujo retiro estava indo maravilhosamente bem quando, de repente, um dia, sem mais nem menos, ele chegou ao seu limite.

Tínhamos chegado à fase do retiro conhecida como Terceira Semana, que ocorre, como se poderia esperar, por volta do vigésimo-primeiro dia. Inácio pede ao participante do retiro, neste momento, para acompanhar Jesus em sua paixão e para estar ao seu lado enquanto ele é assediado, preso, torturado e morto. A terceira semana é um exemplo de um momento em que os sentimentos ruins (por exemplo, pesar, tristeza, dor) podem na verdade ser sinais de consolação, porque este tempo em que caminhamos com Jesus pode nos levar a sentir mais amor e a ter mais fé e esperança.

Até então, o retiro de Noah havia sido uma experiência incrivelmente alegre. Mesmo nas primeiras partes do retiro, quando somos desafiados a olhar para os aspectos dolorosos das nossas vidas, Noah havia achado o retiro libertador e estimulante. Mas, neste dia da Terceira Semana, Noah entrou no meu gabinete e imediatamente começou a chorar. Ele começou nossa conversa me implorando para permitir que ele pudesse jejuar mais. Ao ficar claro para mim que ele havia passado por uma enorme mudança, pedi para que ele me contasse as suas experiências do dia. Então Noah me falou de sua experiência de acompanhar Jesus em sua paixão, boa parte do tempo interrompido por soluços de partir o coração (até aquele momento, eu quase nunca o tinha visto chorar). Ele me falou sobre a dor e o medo que viu nos olhos de Jesus e sobre como isso ia muito além do que ele podia suportar. Ele me falou sobre o pavor da violência que sentiu na voz de Jesus e sobre como Jesus parecia estar assustado.

Como seu orientador, ouvi com atenção e em silêncio, encorajando-o a descrever sua experiência com mais detalhes. Eu sabia que sentimentos ruins costumam ser um bom sinal neste momento do retiro, então pensei que a angústia de Noah poderia ser um grande momento de crescimento para ele. Porém, havia algo de errado com essa experiência que ele estava vivenciando. Na verdade, havia dois sinais reveladores de desolação. Em primeiro lugar, ele estava extremamente preocupado com os detalhes do jejum e com medo de estar fazendo algo de errado (confusão e medo). Em segundo lugar, durante toda a conversa que teve comigo, ele tentava interrompê-la a todo momento e ameaçava sair da sala (falta de transparência). Isso era muito incomum para Noah, já que normalmente ele gostava de conversar e esperava ansiosamente por nossos encontros diários. Tive de impedi-lo de se retirar várias vezes. Por fim, como ele não conseguia ficar parado e eu precisava ouvir mais dele, eu disse: "Vamos dar uma caminhada".

Durante a nossa caminhada, Noah continuou a descrever seus sentimentos angustiantes e perturbadores. A certa altura, eu disse: "Estou quase certo de que o sentimento que você está me descrevendo é de desespero. Concorda comigo, Noah?".

"Sim! É exatamente isso o que estou sentindo."

"Bem, então acho que temos nossa resposta. Essa experiência não vem do verdadeiro espírito. O desespero é o oposto da esperança e praticamente nunca é uma característica do verdadeiro espírito. Mesmo quando experimentamos sentimentos desagradáveis e desconfortáveis, a consolação sempre nos leva a ter mais fé, esperança e amor. Essa falta de esperança nos diz que você está em desolação."

Uma grande mudança ocorreu em Noah. Ele me disse: "Sim, é isso!". E imediatamente sentiu-se aliviado. Foi como se alguém tivesse removido uma bigorna de suas costas. Repentinamente, ele voltou a caminhar com o andar mais leve e a falar com o mesmo tom de voz cheio de contentamento que eu havia me acostumado a ouvir dele. Portanto, ao sabermos que Noah estava em desolação, poderíamos recorrer a algumas abordagens de Inácio e avançar com bastante facilidade. E, assim, o restante da Terceira Semana de Noah foi enriquecedor e inspirador.

No momento em que Noah e eu fomos capazes de chamar sua experiência de "desolação", Noah sentiu um alívio instantâneo e uma sensação de libertação. Aqueles que se encontram na presença do falso espírito devem seguir o exemplo de Jesus e falar o nome desse espírito em voz alta. Fazer isso removerá grande parte do poder que ele tirou de nós. Lembre-se da história da raiva que senti na minha viagem de ônibus para o Missouri. Passei por uma desolação momentânea ao me perceber às voltas para me ver livre desse espírito de raiva ainda sem nome. Assim que dei um nome a esse falso espírito e decidi enfrentá-lo, ele passou a não ter mais poder sobre mim. É verdade que ele não me deixou por completo naquela ocasião, mas não me causou mais inquietação, pois, ao deixar de conduzir o ônibus, havia deixado de ser uma fonte de desolação para mim.

Às vezes, a "não nomeação" da experiência é a *única* parte dela que causa desolação. Certa vez, trabalhei com um seminarista que lutou contra a depressão durante todo o tempo em que ele passou no seminário. Depois de meses de oração, terapia e exame de consciência, ele finalmente teve a coragem de dizer em voz alta: "Eu não acho que realmente quero ser padre". Era uma verdade que havia muito tempo ele relutava em dizer, mas que, de modo inconsciente, ele achava assustadora demais para dizer em voz alta. E o trabalho de discernimento só pôde realmente começar quando ele foi capaz de falar abertamente sobre isso.

Esses exemplos revelam como podemos dar um nome à desolação espiritual em nossa vida *de oração*, mas como essa prática de dar um nome à desolação funciona em nossa vida *cotidiana* quando não estamos orando? Muitas vezes, no meu dia a dia ajo de uma maneira que é inconsistente com meu verdadeiro eu. Digo algo inapropriado, ignoro alguém que está tentando me abordar, exagero, fofoco, evito trabalhos importantes, grito com o gato. Se eu parasse e refletisse por alguns minutos, provavelmente diria a mim mesmo: "Um minuto! Este aqui não sou eu. O que está acontecendo comigo?". Se eu arranhar abaixo da superfície, poderei descobrir a presença de alguma desolação à espreita. Poderá ser uma desolação psicológica, emocional ou espiritual ou, mais provavelmente, uma combinação de todas elas. O simples ato de dar um nome para os fatores causadores de desolação que estão por trás das minhas atitudes e ações exteriores já será meio caminho andado para eu sair da desolação. Se esses fatores não desaparecerem completamente no momento em que dou um nome a cada um eles, pelo menos posso mantê-los sob controle. Ou seja, posso escolher não agir de acordo com essas emoções negativas. Em vez de gritar com o gato, posso parar, respirar, admitir o que realmente está me chateando e poupar o pobre gato do ataque da minha ira.

Resposta 2: evite fazer mudanças ou tomar decisões importantes

> *Quando estamos em desolação, nunca devemos fazer nenhuma mudança, mas permanecer firmes e decididos na resolução e na decisão que nos guiou na véspera da desolação ou na decisão que tomamos na consolação precedente. Pois, do mesmo modo que na consolação o bom espírito nos guia e nos aconselha, na desolação o mau espírito nos orienta e nos aconselha em sentido contrário. Se agirmos sob a sua inspiração, nunca seremos capazes de encontrar o caminho para uma decisão correta.*
>
> EE 318 *Regras para o Discernimento dos Espíritos,*
> *Primeira Semana, n. 5*

A Regra n. 5 de Santo Inácio é fácil de entender, mas difícil de colocar em prática. Independentemente de havermos dado um nome ou não à desolação, de modo geral sua presença deixa qualquer cristão bom e devoto bem desconfortável. Muitas vezes, quando estamos em desolação, faremos alguma coisa – qualquer coisa – para nos livrar desse desconforto. Podemos chegar à conclusão incorreta de que alguma decisão anterior estava errada e, por essa razão, tentar revertê-la, ou podemos pensar que devemos fazer alguma coisa diferente para tentar sair desse estado. O problema é que, quando estamos em desolação, perdemos a objetividade. A perturbação, o medo e a confusão nos levam a nos concentrar em mudanças que são, na melhor das hipóteses, desnecessárias e, na pior das hipóteses, desastrosas. Considere a história de Noah. O primeiro sinal revelador de desolação foi a sua angústia inusitada em relação ao modo pelo qual havíamos concordado em jejuar. Nós dois havíamos decidido anteriormente, *durante um momento de consolação*, que não seria bom para ele fazer um jejum tradicional (ou seja, abster-se de comida). Escolhemos outro modo pelo qual ele poderia fazer um sacrifício espiritual. Agora, angustiado, Noah estava dizendo que ele "deveria" jejuar e, se não fizesse isso, seria impossível para ele ser fiel ao Cristo sofredor. Por que uma fixação assim tão inusitada no jejum? É porque a desolação o fez perder a objetividade e permitiu que ele se preocupasse com algo menos significativo para afastá-lo do amor de Cristo, que, em última análise, é o objetivo de todos os momentos de oração.

A história de Teresa

Teresa era uma jovem de dezoito anos de idade, inteligente e fervorosa, que refletiu cuidadosamente sobre as implicações espirituais da escolha da faculdade que iria cursar. Embora às vezes tivesse crises de baixa-estima, estudou diligentemente e conseguiu se formar quase entre as primeiras da classe. Ela recebeu muitos convites de ótimas universidades, e seus amigos e mentores ficaram impressionados com o seu processo de tomada de decisão. Seu pai também se orgulhava muito dela e apoiou totalmente a sua decisão de estudar em uma escola jesuíta na costa oeste dos Estados Unidos. Porém, ela percebeu que ele estava um pouco deprimido com isso, e suspeitou que ele havia ficado assim porque a universidade que ela havia escolhido ficava do outro lado do país. Sua mãe havia falecido poucos anos antes, e os dois haviam se tornado mais próximos desde então.

Então chegou o momento de ela se mudar para o dormitório dos calouros, a mil quilômetros de distância. Naqueles primeiros dias, ela passou por momentos difíceis. Desde o início, ela e a sua colega de quarto não se deram muito bem. Ela não se sentia muito à vontade quando havia confraternizações no dormitório. Também tinha dificuldades em fazer amigos no *campus* e muitas vezes se via fazendo longas caminhadas sozinha, pensando no lar que havia deixado. Quando ela ligava para o pai, ele dizia o quanto estava orgulhoso por ela e feliz por ela estar indo tão bem nas aulas. Mas ela tinha certeza de que podia sentir que havia tristeza e solidão na voz dele.

Finalmente, depois de oito semanas sentindo-se totalmente sozinha, ela conheceu um rapaz que parecia gostar muito dela. Eles tiveram vários encontros e ela estava começando a se sentir um pouco menos solitária, quando, repentinamente, ele parou de ligar para ela e a evitou quando ela tentou se reaproximar dele. Ela tentou fazer com que ele lhe contasse o que havia acontecido de errado, mas isso pareceu deixá-lo ainda mais distante.

Enquanto isso, sua vida de oração, antes rica e frutífera, tornou-se árida e pesada. Em seu antigo lar, ela estava acostumada a acordar cedo e a orar em seu quarto, mas agora achava impossível fazer isso, pois não se sentia à vontade no dormitório. Ela orava na capela do *campus*, mas não sentia nada vindo de Deus. Sua oração parecia seca, e ela se sentia inquieta. Então ela começou a pular sistematicamente as suas orações.

Tudo parecia estar dando errado. É verdade, ela estava indo muito bem nas aulas e gostava delas. Mas o tempo todo ela se perguntava se realmente conseguiria ingressar na faculdade de direito. Todos os outros alunos de sua turma preparatória para o curso de direito tinham frequentado "boas" escolas de ensino médio. Ela temia que a sua educação secundária em uma cidade pequena não fosse o suficiente para que ela pudesse ingressar em um curso mais exigente.

Um dia, sem obter resposta das mensagens de texto que havia enviado ao namorado, ela entrou na Internet e comprou uma passagem de avião de volta para casa. Reservou um voo noturno para o final do dia seguinte, a fim de ter tempo para arrumar todas as suas coisas e retirar-se da escola. Quando sua colega de quarto perguntou por que ela estava indo embora, ela respondeu de maneira grosseira: "Meu pai precisa de mim. Mas por que você se importaria com isso?".

Essa história de cortar o coração é um bom exemplo da sabedoria do conselho de Inácio de que não devemos fazer nenhuma mudança quando estamos em desolação. Podemos ver claramente os sinais de desolação quando:

- Teresa sai da escola sem contar os seus planos para ninguém, muito menos para o seu pai (segredo).
- Ela parece estar se afastando de toda a fé, esperança e amor, deixando de lado os seus momentos de oração (fé), desistindo da faculdade (esperança) e respondendo de modo grosseiro à sua colega de quarto (amor).
- Apesar de continuar indo bem em seus estudos, ela se convence de que não terá sucesso no futuro (medo irracional do futuro, confusão).

Do nosso ponto de vista objetivo, podemos observar como essa desolação emocional e espiritual a levou a tirar conclusões incorretas sobre sua vida presente e futura. É muito fácil para você, leitor, perceber tudo isso, pois você tem o privilégio de estar totalmente alheio a essa história e pode analisá-la com objetividade. Mas, para quem está passando pela desolação, o quadro geral é embaçado e obscuro. Quando estamos em desolação, a tristeza, o medo, o tédio ou a confusão começam a nos afetar, e a partir daí começamos a raciocinar mal. A conclusão à qual nunca chegaríamos se estivéssemos em um estado de consolação de repente parece ser a melhor e talvez até mesmo a única opção possível.

Se nos momentos em que estiver em desolação eu conseguir seguir à risca essa primeira diretriz, chamando a desolação pelo nome, minha próxima conclusão necessariamente deverá ser *não tirar nenhuma conclusão adicional* sem maiores reflexões ou sem o aconselhamento daqueles que poderiam ter um ponto de vista mais objetivo. Isso nos leva à terceira resposta no enfrentamento da desolação.

Resposta 3: confie em sua rede de apoio

Uma série popular de comerciais de um telefone celular ostentava a força da cobertura da rede, mostrando uma enorme multidão de pessoas seguindo de perto o cliente enquanto ele caminhava pela rua falando em seu telefone celular. Essa é uma boa metáfora para o tipo de apoio de que vou precisar se eu quiser viver de acordo com a vontade de Deus. À medida que percorro o meu caminho pela vida espiritual, é absolutamente fundamental que eu tenha uma forte rede de apoio me seguindo de perto, torcendo por mim, vaiando o falso espírito, sussurrando dicas em meu ouvido e me passando um isotônico. Precisarei de bons mentores, bons companheiros e de um forte vínculo com a Igreja.

Mentores

Anos atrás, um adolescente cujos pais não estavam presentes em sua vida me disse: "Sabe, simplesmente decidi que teria de partir e encontrar as minhas próprias figuras paternas e maternas". Essa foi uma observação incrivelmente sábia! E não se aplica apenas a pessoas que ainda não contam com um forte apoio dos pais. Não há razão para eu me limitar a apenas uma mãe e a apenas um pai. Afinal, mesmo uma boa mãe não será de muita ajuda em algumas áreas e até um bom pai terá os seus pontos cegos.

Rede de apoio: mentores, companheiros e a Igreja.

Essa ideia de sair em busca de um mentor é um dos segredos mais bem guardados do nosso tempo. Talvez seja o espírito americano de independência que não me permite me aconselhar com alguém mais sábio do que eu. Talvez seja o mundo frenético e acelerado no qual não tenho tempo de sobra para consultar uma pessoa mais vivida.

Seja qual for o motivo, devo superar minha relutância e procurar pelo menos um mentor bom e sábio para fazer parte da minha vida. Devo me comprometer a visitá-lo regularmente. Se eu não me comprometer, sempre terei uma desculpa para dizer por que hoje não é um bom dia para fazer uma pausa na minha vida maluca e fazer-lhe uma visita. Se eu escolher bem, meu mentor será talvez minha maior fonte de apoio possível no meu processo de tomada de decisões, sejam elas do meu dia a dia ou as mais importantes da minha vida.

Quais são as qualidades de um bom mentor?

- Um mentor deve ser mais sábio (mas não necessariamente mais velho) do que eu.
- Deve ser um ouvinte muito bom e não me interromper nem ficar inteiramente em silêncio enquanto estou falando.
- Não precisa necessariamente ser um especialista no assunto específico sobre o qual estou procurando uma resposta, desde que ele seja um bom ouvinte e não finja ser um especialista neste assunto.
- Deve ter uma forte autoestima, de forma que não *tenha necessidade* de ser o meu mentor (se ele *tem necessidade* de ser o meu mentor, me aconselhará de forma a me tornar dependente dele).
- Deve ter uma presença afirmativa em minha vida e realmente acreditar em mim e em minhas ideias.
- No entanto, ele também não deve ter medo de me confrontar quando achar que estou errado.
- Nunca deve tentar tomar uma decisão por mim, mesmo se eu o estiver pressionando consciente ou inconscientemente a fazer isso.
- Deve ser objetivo no que diz respeito à decisão que estou considerando tomar. Por essa razão, idealmente ele não deverá pertencer ao círculo de pessoas que serão afetadas por essa decisão.

- Em outras palavras, ele não deve ser um membro próximo da minha família, um superior imediato no trabalho ou um dos meus melhores amigos.

Onde eu poderia encontrar um mentor como esse? Com toda a probabilidade, já existe alguém na minha vida que tem as qualidades de um bom mentor e que eu gostava de visitar no passado. Talvez essa pessoa esteja bem debaixo do meu nariz: um vizinho, uma tia, um padre, um colega de trabalho. Ele pode não ter todas as qualidades de um mentor ideal listadas acima – e está tudo bem. Eu poderia me contentar com alguém que tivesse a maioria delas. Mentores são pessoas, não anjos celestiais.

O que devo fazer depois de encontrar essa pessoa? Eu a convido para almoçar ou me sento em sua varanda por um tempo. Digo-lhe que estou em vias de tomar uma decisão importante e que agradeceria se pudesse me receber de vez em quando. Se ela concordar e tiver tempo, então me comprometo a visitá-la em intervalos regulares, talvez uma vez por semana ou uma vez por mês.

Embora meu mentor número um seja alguém que me ajuda no meu dia a dia, também posso querer ter mentores secundários com os quais poderei me consultar sobre áreas específicas da minha vida. Assim como tenho um clínico geral para questões gerais de saúde e especialistas para problemas específicos, posso querer ter mentores "especializados". Por exemplo, em meu próprio trabalho como escritor, tenho um mentor relacionado às minhas atividades de escrita com quem me consulto antes de tomar decisões importantes sobre publicação, assinatura de contratos e assim por diante. Nos meus primeiros anos como professor de ensino médio, tive um professor-mentor para me ajudar a resolver os problemas que eu tinha em sala de aula. E tenho um mentor de formação para o trabalho que faço com os jovens jesuítas.

Eu poderei recorrer a um terapeuta, especialmente se houver muita emoção envolvida na decisão que estou tomando no momento. Eu também poderei começar a fazer bom uso de um dom muito pouco conhecido, mas de valor inestimável, que a Igreja agora oferece, me envolvendo em um processo de *orientação espiritual*.

Retrocedendo ao início da história da Igreja, os cristãos costumavam recorrer à sabedoria de homens e mulheres sábios. Ao longo dos séculos, com frequência esse papel foi desempenhado por padres e freiras. Mas agora, mais do que em qualquer outra época, a Igreja tem muitos leigos e muitas leigas bem treinados – pessoas que se sentam nos bancos da igreja e que têm família e empregos comuns – que são orientadores espirituais credenciados. Eles são treinados profissionalmente para ouvir atentamente os movimentos da vida de oração das outras pessoas e para ajudá-las a entender o que Deus as está chamando para fazer ou o que Deus já está fazendo por elas.

Orientação espiritual: o processo de me encontrar com regularidade com uma pessoa treinada para que ela me ajude em meu relacionamento com Deus.

Como funciona esse processo de orientação espiritual? Basta agendar um encontro com o orientador em intervalos regulares (geralmente uma vez por mês) e contar para ele o que está acontecendo em minha vida e em meu relacionamento com Deus. O orientador me ouvirá ativamente e fará perguntas pertinentes para me ajudar a discernir a presença de Deus em minha vida.

Como faço para encontrar um orientador espiritual? Eu poderia perguntar na paróquia que costumo frequentar, ligar para a diocese ou pesquisar na Internet. Também pode haver uma casa de retiros ou um centro de espiritualidade nas proximidades que ofereça esse serviço.

Companheiros

Precisamos fazer uma distinção entre um amigo e um companheiro. Digamos que um amigo é alguém que gosta da minha companhia e de cuja companhia também gosto. Eu me divirto quando ele está por perto. Quando estou em sua companhia, costumo rir mais e ficar mais relaxado. Gosto do seu senso de humor e do seu jeito único de ser. Para mim, é um prazer estar com ele.

Companheiro: um amigo a quem posso confiar os aspectos mais pessoais da minha vida.

Mas digamos que um companheiro é tudo isso e muito mais. Digamos que um companheiro é alguém que deseja profundamente que eu seja o melhor que eu possa ser. Companheiro é alguém que desperta o que há de melhor em mim sem precisar ser mandão, paternalista ou professoral.

Posso citar muitos amigos meus com os quais me divirto bastante. Jogo sinuca ou vou ao cinema com eles. Eu os encontro no trabalho ou no supermercado do bairro. Rimos bastante quando estamos juntos. Às vezes, temos piadas recorrentes entre nós que duram anos a fio. Sou muito grato a Deus pela presença deles na minha vida. Mas aqueles que chamo de "companheiros" estão em um nível totalmente diferente. Meus companheiros desempenham um papel fundamental na minha vida. Acompanhamos uns aos outros em nossas jornadas espirituais mais importantes. Quando estou com os meus companheiros, vejo mais claramente quem sou e realmente gosto do que vejo. Para pegar emprestada uma frase do filme *Melhor é impossível*, os companheiros me fazem querer ser um homem melhor.

Além de mentores, preciso de bons companheiros que não estejam em um patamar mais avançado na vida espiritual do que eu e que não sejam especialistas no que quer que eu esteja discernindo no momento, mas que se importem sinceramente comigo e estejam dispostos a cuidar de mim. Ao contrário do amigo com quem compartilho uma risada ou um bom filme, estou ansioso para compartilhar os meus anseios mais profundos com os meus companheiros e também para saber o que está se passando nas profundezas de suas vidas.

A Igreja

Quando estou em desolação, preciso da base segura da Igreja. É o meu refúgio quando perco o meu senso de direção. Quando estamos em desolação, a Igreja nos oferece uma voz de fé fundamentada em razões por meio de seus ensinamentos e um bálsamo de cura por meio de seus rituais.

Os ensinamentos da Igreja são o repositório de *dois mil anos de reflexão compartilhada sobre qualquer problema espiritual que eu possa estar enfrentando*. Sua doutrina é a implementação dessa reflexão defendida ao longo dos séculos. A Igreja nem sempre está correta, é claro. De fato, ao longo dos anos do seu pontificado, o Papa João Paulo II se desculpou com o mundo por mais de cem crimes cometidos pela Igreja ao longo de sua história. Mas, considerando a quantidade de doutrinas que a Igreja tem aprovado ao longo dos milênios, os erros são poucos e raros.

E, seja qual for a fonte da minha desolação, não há nenhuma outra instituição que tenha refletido tanto sobre esse meu problema. Eu nunca deveria perder a oportunidade de explorar todos os confins desse poço insondável de reflexão e de experiência. Quando estou em desolação e em busca de sabedoria, posso confiar apenas em minhas próprias *décadas*

> Sem comida e sem luz, fico atrofiado. Sem o pão e sem a Bíblia, caminho sem rumo. Sem o sacramento da vida e o livro da vida, morro.
> — Tomás de Kempis

de reflexão e oração, ou, em vez disso, posso aprender com *milhares de anos* de oração, reflexão, debate, vitórias morais e – sim – fracassos morais também. Por que raios eu deixaria passar em branco tal tesouro de sabedoria? Com Agostinho, aprendo como me render à vontade de Deus e como abandonar os meus impulsos hedonistas. Com Teresa d'Ávila, aprendo as sutilezas, complexidades e êxtases da oração contemplativa. Com Bento, aprendo a ser hospitaleiro e, com João XXIII, a coragem de me reinventar. Com Maria, aprendo a confiar na providência, e, com Maximiliano Kolbe, aprendo sobre o sacrifício. Com Francisco de Assis, aprendo sobre a Senhora Pobreza, e, com Francisco Xavier, sobre a paixão pela evangelização. Com Teresa de Lisieux, aprendo sobre humildade e, com Verônica, sobre o poder do arrependimento.

A Igreja é o refúgio espiritual para as almas cansadas de guerra. Vou à igreja para orar com pessoas que têm os mesmos grandes desejos e tentações insípidas que eu. Juntos como uma família, elevamos nossas orações ao Pai e imploramos ao Filho que se aproxime – para nos ensinar, para nos curar, para redimir-nos e para tornar-se nosso amigo. Quando me sinto perdido, confuso e assustado, o ritual da Igreja me nutre e me fortalece em um nível profundo demais para ser expresso apenas com palavras. O ritual permite que meu corpo aja de acordo com o que minha alma deseja articular. Quando estou espiritualmente faminto, o Corpo e o Sangue são as rações que me mantêm vivo por mais um dia. Quando estou me afogando, eu me seguro com bastante firmeza nas cordas de salvamento do terço. Quando estou cego e surdo, é o cheiro de incenso que eleva o meu apelo aos céus.

Como usar minha rede de apoio

Lembrem-se da metáfora politicamente incorreta de Inácio de que o falso espírito age como o sedutor de uma jovem donzela que deveria contar tudo para o seu pai, mas é convencida pelo vigarista a guardar tudo para si mesma (ver página 55). Embora essa metáfora talvez seja um pouco inadequada para os dias de hoje, o ponto que Inácio queria transmitir ainda permanece válido: quando estou em desolação, o movimento autodestrutivo dentro de mim tende a se firmar ainda mais, convencendo-me de que devo guardar esses pensamentos, emoções e ações apenas para mim mesmo. Em contrapartida, um mentor ou um companheiro que sejam sábios rapidamente constatarão a falsidade de toda essa movimentação e me ajudarão a me livrar de seus efeitos devastadores. O apoio dos meus mentores, dos meus companheiros e da Igreja são os meus

> Vim à missa hoje
> para me refugiar em palavras latinas
> e para cheirar a poeira do ritual.
> Vim para o santuário
> onde o poderoso e o pobre se ajoelham juntos
> e o tempo infatigável ainda se contém
> como um instantâneo nos olhos de Deus.
> Cheguei a um lugar sem sermões,
> onde ninguém está destilando a verdade
> como o uísque do Tennessee.
> Vim flutuar como uma flor
> em uma piscina japonesa.
> Vim para as veias sob minha pele
> incharem como a virgem em Nazaré
> e irromperem em vinho.
> Vim por alguma coisa que
> você não pode me oferecer no balcão.
> Vim porque a justiça
> não vai ser feita antes dos coquetéis.
> Vim porque o resfriado do meu filho
> não se acumulou em seu peito
> como uma tempestade de verão.
> Vim
> porque nas minhas perseguições de pesadelo
> acordo suando
> um segundo antes da captura.
> Vim
> porque quero que seja verdade
> que irei em paz
> quando esta missa acabar.
>
> — JOHN SHEA

extintores de incêndio metafóricos: quando as coisas pegarem fogo, vou precisar quebrar o vidro e colocá-los para trabalhar!

É por essa razão que é tão importante para mim poder contar com a minha rede de apoio quando estou em desolação e que devo recorrer a ela e confiar tudo para ela – absolutamente tudo, sem reter o que quer que seja. Essa transparência é especialmente importante nas minhas conversas com o meu mentor, que me ajudará a absorver e a interpretar o retorno que estou recebendo das minhas orações, da Igreja e dos meus companheiros. Se eu achar que algo não é importante o suficiente para discutir com o meu mentor, digo para ele mesmo assim e deixo que ele decida se precisamos ou não discutir mais o assunto. Não tenho nada a perder ao contar ao mentor sobre isso e tudo a perder mantendo isso em segredo.

Devo confiar nessas cordas de salvamento especialmente nos momentos em que tenho uma decisão importante a tomar. Contanto que eu tenha escolhido bem os meus mentores e os meus companheiros, e contanto que eu seja fiel à Igreja, quase sempre encontrarei em minha rede de apoio alguém para me dar um norte enquanto tento seguir a vontade de Deus. Se eu me sentir inclinado a proceder de certa maneira, posso compartilhar essa ideia com os meus mentores e com os meus companheiros e confrontá-la com os ensinamentos da Igreja. Se eu estiver em sincronia com a vontade de Deus, os três apoiadores (ou no mínimo dois de três) quase sempre estarão alinhados. Se um ou dois deles parecerem não estar de acordo, devo desacelerar o meu processo de discernimento e buscar uma clareza e um consenso maiores. Se todos os três se opõem ao que estou propondo fazer, então há uma boa chance de que eu esteja simplesmente errado. Em todos os meus anos como cristão na idade adulta, não consigo me lembrar de um único momento em que todos os meus três apoiadores se opuseram ao que era, em última análise, a coisa certa a fazer. Embora não me submeta servilmente a nenhum deles, levo cada um deles a sério e confio em seu consenso quase tanto quanto confio em minhas próprias inclinações. Por quê? Porque, ao contrário de mim, esses meus apoiadores terão uma perspectiva mais objetiva sobre o assunto em questão do que eu. Estou necessariamente apegado emocionalmente às minhas inclinações e, em consequência disso, sou vulnerável à irracionalidade. Minhas emoções, embora muitas vezes úteis, podem embaçar a minha visão das coisas. A objetividade desses meus apoiadores lhes permite ver através da névoa, terem uma visão mais ampla e, por conseguinte, mais precisa.

Resposta 4: considere possíveis problemas logísticos, morais ou psicológicos

Inácio nos diz que Deus nunca *causa* a desolação. No entanto, Deus realmente *permite* que a desolação venha à tona. Por que motivo? Inácio tem três suposições.

Mais informações sobre a segunda e a terceira causa da desolação serão mencionadas em outras partes do livro (ver Resposta 8, página 130). Nesta seção, eu gostaria de abordar a primeira causa da desolação. Eis aqui como Inácio a coloca:

> A primeira [causa de desolação] decorre de nossa tibieza, indolência ou negligência em nossos exercícios de piedade e, desse modo, por nossa própria culpa, fomos privados de nossa consolação espiritual.
> EE 322 *Regras para o Discernimento dos Espíritos, Primeira Semana, n. 9*

Das três causas, apenas esta primeira implica culpabilidade da minha parte. É importante notar que, se estou em desolação, *não devo presumir que seja por minha culpa.* Pelo contrário, para um cristão devoto, a desolação não costuma vir por causa do pecado.

Além disso, mesmo dentro desta primeira causa, gostaria de propor um qualificador para a regra de Inácio. Acredito que, além dos problemas morais que podem nos levar à desolação, também pode haver problemas logísticos ou psicológicos. Inácio não incluiu essas possibilidades porque a mentalidade do século XVI tendia a culpar "o pecador" até mesmo por problemas logísticos e porque todo o campo da psicologia ainda não havia surgido.

Com isso em mente, proponho que a primeira razão pela qual a desolação vem à tona se deve a problemas morais, logísticos ou psicológicos.

Portanto, quando nos encontramos em desolação, seria bom fazer uma espécie de inventário desses três fatores para ver se, ao fazer algumas mudanças aqui ou ali, podemos começar a nos desvencilhar dela.

Tabela 2: As três causas da desolação de Inácio
1. Pequei, e Deus permitiu que a desolação me acometesse como uma consequência natural.
2. Deus permitiu que a desolação me acometesse para "me testar". Ele sabe que alguns dons e graças só me serão concedidos por meio do meu empenho. Assim como um professor que testa até mesmo os seus alunos mais talentosos para que se tornem ainda mais fortes em sua matéria, Deus permite que a desolação me desafie e amplie os meus horizontes.
3. Deus permitiu que a desolação me acometesse para me dar o grande dom da humildade, que é uma virtude central para Inácio e da qual Inácio diz que nunca poderia ter o suficiente. Se minha vida espiritual fosse preenchida apenas com a consolação, eu poderia muito bem me tornar espiritualmente orgulhoso. Eu poderia começar a pensar que sou a fonte das graças que vêm de Deus. Deus permite que a desolação me lembre de que "tudo é dom e graça de Deus, nosso Senhor", e de que nada posso fazer sem ele.

Problemas morais

Na maioria das vezes, a desolação nos acometerá por outros motivos que não o pecado. No entanto, há momentos em que a desolação é a consequência natural das minhas próprias atitudes, ações ou omissões. Quando me encontro em desolação, devo examinar a minha consciência para verificar se não fiz uma escolha moral inadequada em algum lugar ao longo da minha jornada. Tenho sido cruel com os meus entes queridos? Fui desonesto nos negócios ou nos trabalhos escolares? Entreguei-me a prazeres físicos e à gratificação instantânea? Negligenciei meu relacionamento com Deus, com a Igreja, com os meus entes queridos ou comigo mesmo? Tornei-me preguiçoso, orgulhoso, materialista ou mesquinho? Sou um fofoqueiro?

Negligenciei os pobres? Desperdicei os recursos da terra? Falhei em observar os Dez Mandamentos? Tornei-me excessivamente escrupuloso, obcecado com as regras ou em estar sempre certo?

As consequências de minhas atitudes e ações pecaminosas reverberarão em todos os aspectos de minha vida, inclusive na minha vida de oração. Uma leitura mais cuidadosa de Inácio sugere que a *inação* pecaminosa, que a Igreja chama de pecados de omissão, pode ser uma causa ainda mais comum. Ele sugere que a desolação pode ter ocorrido porque "somos tépidos, preguiçosos ou negligentes". Seguindo o seu conselho, a pessoa em desolação desejará voltar a sua atenção especialmente para esses pecados específicos. Negligenciei a minha oração, a minha missão na vida ou os meus entes queridos? Negligenciei os pobres e necessitados do mundo? Existe uma decisão dolorosa que estou evitando tomar? De que realidade perturbadora estou me escondendo?

Problemas logísticos

Se o meu pecado não foi o causador da desolação, talvez o problema esteja em algum detalhe logístico. Posso querer discutir com o meu orientador espiritual ou com o meu mentor uma simples mudança nos detalhes relativos à minha oração. Muitas vezes, fazer um simples ajuste em relação a quando, onde ou por quanto tempo orar será o suficiente. Aqui estão algumas questões que eu poderia explorar:

- **Quando:** Estou orando na melhor hora do dia? Por exemplo, se eu deixar a oração para o final do meu dia, quando estou exausto, ou seja, se estou simplesmente empurrando para Deus o que sobrou do meu tempo e da minha energia, então a minha vida de oração vai ser prejudicada. Mesmo que eu esteja dando a Deus a melhor parte do meu dia, posso querer mudar para algum outro horário apropriado apenas para sair um pouco da rotina. Por exemplo, posso mudar o meu tempo de oração do início da manhã para o início da noite.

- **Onde:** Escolhi o melhor lugar para orar? Existem muitas distrações nesse lugar? Ou talvez ele seja quieto demais? Ele é confortável o suficiente? Ou é tão confortável que costumo cochilar todos os dias? E a minha posição de oração? Devo tentar me sentar em vez de me reclinar? Devo orar enquanto caminho? O próprio Inácio parecia preferir se deitar de costas. Devo tentar fazer o mesmo?
- **Quanto tempo:** Meu tempo de oração é muito longo ou muito curto? Esta é uma pergunta particularmente boa para ser explorada com a ajuda de um orientador espiritual.
- **Com que recursos:** Estou escolhendo boas passagens das Escrituras sobre as quais orar? Existe um livro de orações que me ajude a orar quando sinto que não estou indo para lugar nenhum? Existe alguma leitura espiritual que eu poderia fazer para atiçar as chamas da minha oração? Posso incluir algum objeto em minha oração, como uma cruz, uma vela, um terço, uma pintura, um ícone, uma fotografia, uma folha ou uma pedra?
- **Com quem:** Tenho me comprometido a buscar orientação espiritual regularmente? Existe algum grupo de oração em minha igreja local do qual eu poderia participar? Tenho mantido contato com os meus companheiros espirituais? Eu poderia iniciar uma nova amizade espiritual?
- **Que estilo de oração:** Devo tentar mudar o tipo de oração que estou fazendo? Devo trocar o terço pela meditação e pela contemplação, por exemplo? Devo experimentar a oração de centramento, a *lectio divina*, o caminho da cruz, a adoração, o louvor e o culto eucarístico, a Liturgia das Horas ou a oração peticionária?

Talvez eu deva tentar alguma combinação diferente de estilos de oração. Por exemplo, se sempre começo com uma oração peticionária e depois passo para a meditação, talvez eu possa tentar mudar a ordem e começar com a meditação.

Às vezes, o problema não está no que eu supostamente esteja fazendo de errado em minha oração, mas simplesmente no fato de que a minha oração tenha ficado um pouco obsoleta e uma mudança seria revigorante. Só porque orar de manhã cedo sempre funcionou para mim no passado, não devo presumir que este ainda seja o melhor momento de orar para mim no presente. Se a meditação e a contemplação são o centro da minha vida de oração, talvez eu deva pegar o meu terço e dar uma caminhada nos próximos dias. Devo lembrar que Deus é quem faz o trabalho pesado na oração e que Deus deseja muito que nosso relacionamento se aprofunde. Portanto, qualquer tentativa de alcançar Deus irá de fato alcançá-lo, mesmo que eu nem sempre sinta a sua presença.

Pode ser que as circunstâncias da vida me obriguem a fazer mudanças na maneira como oro. Lembro-me de uma época em que eu ficava tão incrivelmente ocupado do nascer ao pôr do sol que, independentemente da hora em que eu me sentava em minha cadeira de oração favorita, adormecia instantaneamente. Depois de várias tentativas fracassadas de me manter acordado, relutantemente optei por fazer uma caminhada reflexiva. Fiz isso com relutância porque normalmente minha oração tende a ser mais superficial se estou andando em vez de quando estou sentado. Essa mudança, no entanto, deu início a um longo período de oração frutífera e cheia de graça.

Posso querer explorar o impacto das circunstâncias da minha vida em minha oração diária. Estou dormindo e fazendo exercícios o suficiente? Minha dieta está afetando minha oração? Estou muito estressado para orar? Sou muito sedentário? O cansaço, alguma enfermidade ou deficiência tem afetado a minha oração? Alguma mudança em minha vida teve alguma influência na minha vida espiritual?

Uma nota de advertência. Enquanto estou fazendo ajustes na maneira como rezo, devo ter em mente que Inácio nos advertiu severamente a não fazermos nenhuma mudança de grande porte quando estamos em desolação. Portanto, pode ser um erro fazer uma grande mudança na maneira como oro. Por exemplo, a desolação pode estar chegando para mim devido às suas duas outras causas (teste e humildade). Se esse for o caso, provavelmente não seria uma boa ideia fazer nenhuma mudança na maneira como oro. Em vez disso, devo manter-me firme e perseverar em minha oração. Devo permitir que Deus teste a minha resistência ou me torne mais humilde enquanto me empenho o máximo que puder para permanecer presente em uma oração aparentemente desolada.

De que modo então posso decidir se devo ou não devo fazer mudanças na logística da minha oração? Depende da situação:

- Algumas das necessidades de mudança serão óbvias e simples de discernir. Se costumo cair no sono todos os dias quando estou em oração, por exemplo, certamente preciso mudar a maneira como rezo ou durmo.
- Algumas das mudanças podem ser tão pequenas que não há necessidade de se preocupar em experimentá-las. É difícil imaginar que experimentar fazer um novo e pequeno gesto, como acender uma vela ou segurar um crucifixo, causaria problemas.
- No entanto, se a mudança que estou considerando não for tão obviamente necessária (mudar os padrões de sono) ou inofensiva (acender uma vela), então seria melhor eu discutir essa mudança com o meu orientador espiritual ou com o meu mentor com antecedência. Quanto maior o impacto da mudança, mais cauteloso devo ser para pô-la em prática.

Problemas psicológicos

Talvez as raízes da desolação sejam mais psicológicas do que espirituais. O erudito inaciano padre Timothy Gallagher enfatiza a necessidade de distinguirmos a desolação espiritual da desolação emocional ou psicológica. As duas estão intimamente relacionadas, é claro. A desolação espiritual vai influenciar o meu bem-estar emocional e vice-versa, mas, mesmo assim, é importante descobrir qual é a fonte da desolação e onde ela está enraizada.

A história de Mari

Mari vinha desfrutando de uma vida de oração sadia havia três anos, quando de repente pareceu cair em desolação. Em seu momento de oração, ela passou a se sentir como se fosse um saco de ossos secos. Quanto mais ela clamava a Deus por consolação, mais vazia e solitária ela se sentia. Ela se viu oscilando entre se sentir culpada por algo que ela devia ter feito de errado – embora ela não soubesse o quê – e zangada com Deus por tê-la abandonado.

Enquanto isso, fora de sua vida de oração, Mari passou por longos períodos de depressão. Essa depressão era incomum, pois parecia não haver uma causa para ela. Ela tinha um marido amoroso e filhos maravilhosos. Como médica, Mari exercia uma prática médica estável e sadia. E não tinha grandes problemas de saúde.

Mari nunca teve o hábito de se reunir regularmente com um orientador espiritual. Mas um *blog* cristão que ela gostava de ler exaltava muito a prática da orientação espiritual contínua. Durante uma semana particularmente dura e deprimente, Mari decidiu tentar. Ela ligou para o centro de espiritualidade local de sua diocese e começou a se encontrar com Beth, uma leiga com treinamento na arte da orientação espiritual.

Beth e Mari começaram a explorar as possibilidades do que poderia estar causando essa desolação. Elas consideraram os aspectos morais e logísticos da vida de Mari. Beth sugeriu livros sobre como alguém pode crescer espiritualmente durante períodos de vazio existencial. Embora essas explorações tenham ajudado um pouco a curto prazo, elas pouco ajudaram a melhorar o estado emocional e espiritual de Mari a longo prazo.

Beth começou a fazer mais perguntas sobre a depressão de Mari. Ela também não conseguia ver nenhum fator externo na vida de Mari que pudesse causar depressão. Mesmo assim, ela sugeriu que Mari experimentasse a psicoterapia. Mary relutou no início, mas acabou reunindo coragem para contatar um terapeuta. Depois de várias sessões, Mari achou a experiência da terapia razoável, mas ela não parecia estar melhorando. Então o terapeuta sugeriu algo que realmente assustou Mari: talvez a causa primordial de sua depressão fosse um desequilíbrio químico. Por ser médica, Mari sabia muito bem que, assim como algumas pessoas com diabetes precisam tomar insulina e pessoas com problemas cardíacos precisam tomar medicamentos para controlar o colesterol, outras precisam de medicamentos para equilibrar a bioquímica do cérebro. Ela sabia que, para algumas pessoas, a depressão não se devia primordialmente às circunstâncias de suas vidas, mas a problemas médicos que só poderiam ser resolvidos com medicamentos. Ela sabia de tudo isso por causa de sua própria formação médica, mas, do ponto de vista emocional, ela tinha de superar o seu estigma irracional de tomar medicamentos para a saúde psicológica.

Depois de vários meses tomando um antidepressivo leve, de terapia regular e de orientação espiritual, Mari experimentou uma mudança dramática, embora gradual, em sua vida. Ainda que a terapia e a orientação espiritual fossem estimulantes e úteis, todos se sentiam confiantes de que era o medicamento que realmente fazia a diferença. Mari passou a sentir que poderia se concentrar novamente e deixou de se preocupar com inquietações irracionais e insignificantes. Essa mudança em seu cotidiano também se fez presente em sua vida de oração. Ela voltou a ter muita facilidade em louvar a Deus nos salmos e em ouvir a voz de Deus falando com ela por meio das bem-aventuranças. Mais do que tudo, Mari experimentou a cura em sua vida de oração quando meditou sobre tudo o que havia ocorrido durante o processo de psicoterapia. Ela sentiu que o terapeuta e a medicação haviam sido os verdadeiros instrumentos de Deus para curar sua vida.

O padre William Huete, um dos meus mentores no trabalho de formação, gosta de dizer: "Devemos lidar com os problemas espirituais espiritualmente e os problemas psicológicos psicologicamente". Bons cristãos muitas vezes cometem o erro de pensar que há algo de errado em sua vida moral quando, na verdade, a causa do problema é psicológica. Se for um problema psicológico bastante sério, será impossível encontrar soluções para o problema apenas por meio da oração. Seria como consultar a Bíblia para aprender a fazer um ensopado de frango. Deus presenteou o mundo com tecnologia na área médica e avanços na psicoterapia. Deus deseja que recebamos esses dons e os utilizemos à medida que avançamos pela vida e continuamos a crescer espiritualmente.

Resposta 5: cuidado com o falso "anjo de luz"

A quinta resposta se destina a combater os movimentos mais sutis do falso espírito. Devemos ser capazes de reconhecer o falso "anjo de luz" em nossas vidas, ao percebermos que alguns dos impulsos e desejos que parecem ser santos e bons na superfície são, na verdade, distrações do que fomos chamados a fazer.

Fazendo uma retrospectiva do passado

> *Quando o inimigo da natureza humana for detectado e reconhecido pela trilha do mal que marca o seu curso e pelo fim perverso para o qual ele nos conduz, será de grande valia para aquele que foi tentado examinar de imediato todo o curso da tentação. Que ele considere uma série de bons pensamentos, como eles surgiram e como o espírito maligno gradualmente tentou fazê-lo sair do estado de deleite espiritual e alegria em que se encontrava com o intuito de atraí-lo para seus perversos desígnios. O objetivo desse autoexame é de que, uma vez que tal experiência tenha sido entendida e cuidadosamente observada, futuramente poderemos nos resguardar contra os enganos habituais do inimigo.*
>
> EE 334 *Regras para o Discernimento dos Espíritos, Segunda Semana, n. 6*

Para um cristão devoto, a desolação geralmente começa com bons pensamentos, sentimentos ou ações. Ao rememorar a história de minha queda na desolação, talvez tenha havido vários estágios durante os quais os movimentos pareciam santos e bons. Mas, em determinado ponto, as coisas começaram a parecer um pouco diferentes – algo parecia não estar muito certo. Este é o momento crucial para ser investigado: em que consistiu exatamente essa sensação de que as coisas não estavam muito certas? Como respondi a esse sentimento? Eu o ignorei? Agi excessivamente contra ele?

Estava consciente dele ou o experimentei de modo inconsciente? Escrevi sobre ele em meu diário? Falei sobre isso com alguém? Quais foram exatamente os pensamentos, as emoções ou as ações que pareciam atraentes de início, mas que acabaram revelando ser manifestações do falso espírito disfarçado de anjo de luz?

Ao recapitularmos a história de Noah (ver página 90), vemos que, no início, ele sentia atração por aquilo que era santo, como jejuar e sentir pesar pelo sofrimento de Jesus na paixão, dois movimentos que podem ser bons e virtuosos. Mas, no caso de Noah, havia alguma coisa de errado com eles. Rememorando sua experiência, Noah talvez poderia ter sido capaz de identificar exatamente quando ocorreu a mudança de rumo em direção à desolação. Talvez ele não tivesse dormido o suficiente na noite anterior. Talvez ele estivesse se esforçando demais para ter um bom retiro. Talvez ele tivesse começado a se sentir pressionado a "sofrer demais" por Jesus. Talvez houvesse alguma tristeza, ressentimento, ansiedade, medo ou confusão ocultos que ele não havia sido capaz de admitir para si mesmo naquele momento. Explorar essas perguntas com a ajuda de um bom orientador espiritual daria a Noah informações valiosas sobre as maneiras pelas quais ele era suscetível a ser mal orientado. Esse conhecimento será de grande valia para ele no futuro, ao fazer com que ele seja capaz de reconhecer o falso espírito muito mais cedo da próxima vez, de modo que terá tempo hábil para fazer as mudanças preventivas que serão cabíveis.

Preparando-se para o futuro

Se no presente momento eu estiver em desolação, então estou especialmente suscetível às artimanhas do falso anjo de luz. Sempre que a nossa psique se sente desconfortável com o seu estado atual, ela fará de tudo para fugir do desconforto. Para o cristão devoto, a fuga da dor muitas vezes assumirá a forma de alguma ação "santa" que, na verdade, não será uma resposta apropriada à situação.

Considere o caso de Teresa, a estudante universitária solitária (ver página 95). Ela está em um momento terrivelmente desolador, por se sentir sozinha e abandonada até mesmo por Deus. É completamente natural que sua psique comece a procurar uma saída. Mas, tendo em vista que ela é uma boa pessoa e que leva as suas responsabilidades a sério, sua psique não permitirá que ela simplesmente fuja, então o espírito da desolação reveste a sua ideia de partir com um manto de santidade: *Meu pai precisa de mim. Como ele se sacrificou tanto por mim quando mamãe morreu, agora devo me sacrificar por ele voltando para casa para estar com ele.* Como Teresa poderia nos dizer que esses pensamentos santos são provenientes do falso espírito? Ela poderia observar que eles carregam os sinais do falso espírito quando:

- Eles a estão levando a fazer uma mudança durante a desolação, e uma mudança que vai em sentido contrário ao de uma decisão que havia sido fruto de um bom discernimento que ela tivera no passado, quando estava em consolação.
- Ela é levada a consumar esse "ato sagrado" sem que ninguém mais soubesse disso previamente. Ela parece disposta a não dividir esses pensamentos santos com ninguém, nem mesmo com o seu pai. Se esses pensamentos realmente tivessem vindo do bom espírito, não haveria razão para mantê-los em segredo.

O que podemos aprender com a história de Teresa? Podemos aprender que, quando estamos em desolação, somos tentados a fazer coisas que inicialmente aparentam ser "boas e sagradas", mas que não resistem aos testes inacianos (Serei levado a fazer uma mudança enquanto estou em desolação e ainda mais em segredo?). Quando em desolação, devo ficar atento e resistir a quaisquer "boas" tentações do falso anjo de luz.

O personagem Jó, do Antigo Testamento, é corretamente considerado como um herói da desolação. No final das contas, Deus congratula Jó "por [...] terdes falado de mim segundo a verdade" (Jó 42,7), enquanto os supostos amigos de Jó não falaram corretamente sobre Deus. Isso é surpreendente, tendo em vista que, enquanto os seus amigos diziam "coisas sagradas" sobre a bondade de Deus, Jó de fato havia manifestado a sua fúria *contra* Deus. Os amigos de Jó são os falsos anjos que tentam Jó a praticar ações supostamente "santas", mas incorretas, em meio à desolação deste último. Eles queriam que ele confessasse pecados que não havia cometido e que se humilhasse diante de Deus. Jó resiste à tentação de fazer o que parece ser mais sagrado, mas que é, na verdade, desonesto. Em vez disso, ele faz o impensável: desafia Deus para uma competição de inteligência, acusando-o e repreendendo-o. Mas Deus está satisfeito com a honestidade e a integridade de Jó e repreende os amigos "mais santos" de Jó por sua "loucura" (Jó 42,8).

As histórias de Teresa e de Jó são dramáticas, mas a tentação de seguir o falso anjo de luz também ocorre de maneiras mais comezinhas. Por exemplo, em um momento em que devo ser gentil comigo mesmo, posso me sobrecarregar de trabalho ou exagerar no tempo em que dedico ao voluntariado. Ou, no momento que me eu me sentir mais sozinho e que mais precisar estar com alguém, posso me ver obrigado a deixar meu grupo de amigos porque "não quero deixá-los deprimidos".

Como posso me proteger contra esse falso anjo de luz? Simplesmente não considerando nenhuma atração aparentemente santa pelo seu valor de face. Eu as testo recorrendo aos conhecimentos de Inácio. Essa ação fará com que eu tenha mais fé, esperança e amor? Estou fazendo uma mudança de grande envergadura durante a minha desolação? Serei totalmente transparente com os meus mentores e os meus companheiros, ou hesitarei em revelar essa atração para eles? Estou atraído por este curso de ação neste momento porque isso seria um meio de escapar de uma situação desconfortável?

Resposta 6: seja firme com o falso espírito e trabalhe diligentemente

Inácio sabiamente nos aconselha que, enquanto estivermos em consolação, não devemos reverter uma decisão que já foi devidamente discernida. No entanto, ele permite (e até incentiva) outro tipo de mudança:

> *Embora nunca devamos mudar nossas resoluções anteriores quando estamos em desolação, será de grande valia fazer tudo o que estiver ao nosso alcance para sair dela.*
>
> EE 319 *Regras para o Discernimento dos Espíritos, Primeira Semana, n. 6*

Não devo mudar o que me propus a fazer depois de um bom processo de discernimento, diz Inácio, mas devo mudar a mim mesmo trabalhando ativamente contra o espírito da desolação. Infelizmente, a desolação me tentará a fazer o oposto, ou seja, a mudar minhas decisões tomadas de modo apropriado, mas permanecer interiormente passivo enquanto a inquietação, a confusão, a raiva e o medo tomam conta de mim. É a perda da esperança que me leva inconscientemente a render-me a essas perturbações. Inácio insiste que eu atice a chama da esperança dentro de mim, resistindo agressivamente à desolação.

Ser passivo diante da desolação só aumentará o seu poder e o seu controle sobre mim. Resistir limitará sua influência. Usando uma metáfora contemporânea, o padre jesuíta David Fleming traduz livremente essa percepção de Inácio:

> O espírito maligno com frequência se comporta como uma criança mimada. Se tratarmos as crianças com firmeza, elas deixam de agir com petulância. Mas, se demonstrarmos qualquer forma de indulgência ou fraqueza, as crianças serão impiedosas para conseguirem o que

querem, seja batendo os pés em desafio seja por meio da bajulação mais descarada. Portanto, não podemos deixar de recorrer à tática de agirmos com firmeza ao lidarmos com o espírito maligno em nossas vidas[1].

Tendo trabalhado em escolas de ensino médio por nove anos, posso pensar em milhares de exemplos de grandes professores que recorrem à disciplina para lidar com crianças mimadas e de professores ineficientes, que falham miseravelmente em tentar uma abordagem mais leniente. Quando estou em desolação, devo tratar o falso espírito como uma criança mimada. Devo insistir firmemente para que as suas perturbações "fiquem caladas". Essa firmeza pode dissipar a desolação completamente – ou talvez não seja suficiente por si só. Mas, mesmo que a desolação não seja totalmente eliminada, ela não terá um controle tão forte sobre mim.

Na prática, como posso fazer frente à desolação no meu dia a dia?

- Posso dar um nome à desolação e às perturbações que a acompanham enquanto rezo ou converso com os meus entes queridos.
- Com a ajuda de um orientador espiritual ou de um companheiro, posso tomar decisões firmes sobre o que farei e o que não farei diante dessas perturbações.
- Se eu não conseguir fazer com que elas desapareçam completamente, posso traçar uma linha na areia e dizer a essas crianças mimadas: "Daqui ninguém passa". Por exemplo, se me sinto amedrontado ao me preparar para uma apresentação no trabalho, posso orar e, com Jesus ao meu lado, dizer: "Posso não ser capaz de me livrar do meu medo, mas não vou deixar que ele me impeça

---

1. FLEMING, DAVID A., *Draw me into your Friendship. The Spiritual Exercises. A literal translation & a contemporary reading* ["Atraia-me para a Sua Amizade. Os Exercícios Espirituais. Uma tradução literal e uma leitura contemporânea"], St. Louis, The Institute of Jesuit Sources, 1996, 257.

de ter sucesso na apresentação. O medo pode permanecer comigo, mas não poderá e nem irá conduzir as minhas ações".
- Se estou com um humor sombrio e cheio de amargor, posso escolher não permitir que esse estado de espírito negativo contamine o modo como eu me relaciono com os outros. Em vez disso, posso fazer a escolha de ser *extremamente* bondoso e gentil com as pessoas que eu encontrar, apesar dos apelos da desolação para que eu as despreze.
- Se eu me sentir inclinado a não sair do meu quarto e a ficar de mau humor o dia inteiro, vou escolher o caminho oposto, saindo de casa e me socializando. Essa prática inaciana de fazer o oposto do que desejamos, ou de fazer um esforço descomunal de modo consciente, às vezes é chamada de prática de *agere contra*, que literalmente significa "agir contra".

Agere contra: literalmente, "agir contra", a escolha de fazer o oposto do que sou tentado a fazer quando estou em desolação.

Reze mais e participe mais ativamente da Igreja

Em duas seções diferentes dos *Exercícios Espirituais*, Inácio recomenda "agirmos contra" a desolação, orarmos mais e participarmos mais ativamente da Igreja:

> *Devemos nos lembrar de que, em tempos de consolação, é fácil, e requer apenas um pequeno esforço, permanecer uma hora inteira em contemplação, mas, em tempos de desolação, é muito difícil fazer isso. Portanto, para lutar contra a desolação e vencer as tentações, o exercitante deve sempre permanecer no exercício um pouco mais do que uma hora inteira. Assim, ele se acostumará não apenas a resistir ao inimigo, mas até mesmo a derrotá-lo de vez.*
>
> EE *Anotação 13*

E, em outro trecho:

> *Embora nunca devamos mudar nossas resoluções anteriores quando estamos em desolação, será de grande valia fazer tudo o que estiver ao nosso alcance para sair dela. Podemos insistir mais na oração, na meditação e em um exame exaustivo de nós mesmos, além de fazer um esforço adequado para pagarmos alguma penitência.*
>
> EE 319 *Regras para o Discernimento dos Espíritos, Primeira Semana, n. 6*

Tendo em vista que nos sentirmos distantes de Deus é uma das características centrais da desolação, orar pode ser uma tarefa árdua. Como a nossa desafortunada amiga universitária Teresa, muitas pessoas começam a diminuir gradativamente a frequência de suas orações ou param definitivamente de orar quando estão em desolação. Por exemplo, se costumo orar diariamente por trinta minutos, posso me deparar comigo mesmo orando por apenas vinte ou vinte e cinco minutos. Não é difícil de me imaginar na semana seguinte descendo ainda mais a ladeira, para apenas dez ou quinze minutos de oração e assim por diante. Quando em desolação, devo assumir um firme compromisso com a oração. Conforme o recomendado por Inácio, posso fazer um gesto simbólico de resistência à desolação, *acrescentando* alguns minutos ao meu período habitual de oração. Se costumo olhar constantemente para o relógio durante a oração, posso ativar o alarme para o horário escolhido e colocar o relógio fora do meu alcance.

Também posso achar difícil frequentar a igreja quando estou em desolação. Posso inconscientemente procurar mil e uma desculpas para chegar mais tarde ou sair mais cedo da missa. No espírito de *agere contra*, seria interessante eu me comprometer a frequentar a igreja um dia a mais por semana do que normalmente costumo fazer.

Se procuro regularmente por orientação espiritual, é imperativo que eu não desmarque nenhum encontro. Se a minha desolação for particularmente intensa, meu orientador poderá até mesmo recomendar que nos encontremos com maior frequência por um tempo.

Cabe aqui um alerta. Ao nos empenharmos para praticar o *agere contra* em nossa vida de oração e em nossa participação na igreja, teremos novamente de tomar muito cuidado com o falso anjo de luz. Muitas vezes, uma pessoa muito religiosa que fica muito entediada ou inquieta ao orar se punirá de modo inconsciente por esse seu "mau comportamento" por estar entediada, obrigando-se a orar por um período demasiadamente longo. Observe nas instruções de Inácio que ele recomenda apenas que oremos "um pouco mais" do que o nosso tempo habitual, em vez de adotarmos uma medida tão radical quanto dobrar o nosso tempo de oração. Um aumento radical só causará esgotamento espiritual e mais sofrimento. Portanto, qualquer mudança substancial que pensamos em fazer em nossa vida de oração quando estamos em desolação deve ser discutida antes com um mentor ou com um orientador espiritual.

Resposta 7: seja gentil, paciente e encorajador consigo mesmo

Embora Inácio recomende que devamos agir com firmeza e com disciplina no enfrentamento do falso espírito quando estivermos em desolação, ele também recomenda que devemos ser gentis, pacientes e encorajadores com nós mesmos durante esse momento difícil:

> *Quando alguém está em desolação, deve se esforçar para perseverar na paciência, para melhor combater as aflições que o dominaram.*
> EE 321 *Regras para o Discernimento dos Espíritos, Primeira Semana, n. 8*

Santo Inácio não costuma ser muito elogiado por sua brandura. Esse soldado basco reformado do século XVI tinha um passado rude, para dizer o mínimo. Ele costumava usar metáforas militares para descrever o seu relacionamento com Cristo e os seus empreendimentos cristãos. Era conhecido por ser um homem de difícil convivência: exigente, sério e rápido para criticar. Por essa razão, é ainda mais impressionante o fato de que ele costumava tratar com brandura aqueles que lutavam contra a desolação. Se um orientador constatava que o seu orientando estava em desolação, Inácio aconselhava "a não o tratar com severidade nem com dureza, mas sim com gentileza e bondade. Ele deve encorajar o seu orientando e fortalecê-lo para o futuro" (*EE*, Anotação 7). Inácio sabia por experiência própria que as "contrariedades que lhe sobrevêm" levam a pessoa em desolação a impacientar-se consigo mesma e a julgar-se severamente. Portanto, agir contra (*agere contra*) as inclinações do falso espírito é se empenhar para ser gentil consigo mesmo.

Lembre-se da experiência de Martinho (p. 70), sobre a qual falamos:

> Quando ele começou a orar pela paixão de Cristo, não sentiu absolutamente nada no início. Por essa razão, ele se sentiu frustrado por sua incapacidade de sentir qualquer coisa enquanto observava Cristo sofrer por ele. À medida que o retiro prosseguia, a frustração transformou-se em autoaversão, tanto que, ao final dessa fase do retiro, Martinho não estava mais concentrado em Jesus, mas em seu próprio coração aparentemente frio.

Por mais duro que Inácio pudesse ser consigo mesmo e com os seus assistentes, ele insistia em ser brando com aqueles que se encontravam em desolação, porque o modo severo como a pessoa em desolação julga a si mesma não a leva a ter mais fé, esperança e amor. Como podemos constatar na história de Martinho, o excesso de severidade não nos leva a nos concentrarmos no amor e na misericórdia de Cristo, mas sim em nossas próprias desventuras.

Tendo em vista que a falta de esperança costuma ser mais vívida quando estamos em desolação, Inácio encorajava o orientador espiritual a dar "força e coragem" para aqueles que estivessem em desolação (Anotação 7). Conforme o estudioso inaciano Timothy Gallagher tão belamente apontou, Inácio encorajava quem estivesse em desolação a confiar que Cristo "foi submetido à provação contando apenas com as suas faculdades naturais, para que ele pudesse resistir [...], já que *ele pode resistir* com a ajuda divina, que sempre esteve com ele, embora ele não a sentisse com clareza". *Ele pode resistir*, insiste Inácio. "Deixemos que aquele que está em desolação pense no quanto ele é capaz de fazer"[2]:

> *Quando alguém se encontra em desolação, deve estar ciente de que Deus o deixou entregue às suas faculdades naturais para resistir às diferentes*

---

2. GALLAGHER, TIMOTHY, *The Discernment of Spirits*, New York, Crossroad, 2005, 100-101. [Trad. Bras.: *O discernimento dos espíritos*, São Paulo, Loyola, 2021, 144-146. (N. do R.)]

perturbações e tentações do inimigo a fim de colocá-lo à prova. Essa pessoa pode resistir com a ajuda de Deus, que sempre permanece, embora ela não a sinta com clareza. E, ainda que Deus tenha privado essa pessoa da abundância do fervor e do amor transbordante e da intensidade de seus favores, ela ainda tem graça suficiente para sua salvação eterna.

EE 320 *Regras para o Discernimento dos Espíritos, Primeira Semana, n. 7*

Como, mediante uma ação específica e concreta, poderei praticar a gentileza, a paciência e o encorajamento para comigo mesmo quando eu estiver em desolação?

- Em primeiro lugar, tendo em vista que a desolação faz com que eu me sinta mais inclinado a me julgar severamente, pratico a *agere contra* ao me dirigir a mim mesmo com brandura. "Não estou tão mal assim... Vou superar isso... Não é tão ruim quanto parece agora... Deus me ama, e eu me amo". Digo o que uma boa mãe diria ao filho machucado.

- Em segundo lugar, lembro a mim mesmo que a desolação raramente dura muito tempo. "Deixe-o pensar que em breve será consolado", diz Inácio. Manter essa esperança ajudará a levar o processo adiante. Até mesmo Jó, o ícone do homem fiel e desolado, passou menos de um por cento de sua vida inteira em desolação. O restante de sua vida, antes e depois da desolação, foi alegre e enriquecedor.

- Em terceiro lugar, a desolação normalmente *não* é o momento propício para movimentos ousados, com exceção dos que eu adotar em minha vida de oração e mediante a minha atitude positiva. Em vez disso, se possível, devo me sentar em silêncio e ser paciente, esperando ativamente que Deus dê o próximo passo e acreditando que ele assim o fará. Meu próprio mestre de noviços me disse uma vez: "Se você estiver viajando a cavalo pelo deserto e uma tempestade de areia começar, desça do cavalo, deite-se no chão e espere". Se possível, me recolho por um tempo e tento aproveitar o máximo dessa vida mais introspectiva.

- Em quarto e último lugar, lembro a mim mesmo de que Deus é todo-amoroso e todo-poderoso e não vai me enviar nenhum desafio que eu não possa enfrentar. Se isso for verdade, então posso sobreviver a este desafio e até mesmo confiar que Deus fará *bom uso* dele, o que nos leva à última resposta que devo dar à minha experiência de desolação.

Resposta 8: tenha fé de que Deus fará bom uso dessa desolação

Inácio estava muito mais preocupado com a pessoa que era incapaz de experimentar tanto a consolação quanto a desolação – a pessoa que parecia ser completamente indiferente à presença dos espíritos – do que com alguém que sofria com a desolação. Ele instruía o orientador do retiro a se preocupar e a investigar minuciosamente os casos em que "nenhum movimento espiritual, como consolações ou desolações, é sentido pela alma daquele que está se exercitando, e em que essa pessoa é incapaz de ser movida por outros espíritos". No caso dessa pessoa, o orientador deveria "inquiri-la cuidadosamente" sobre a experiência concreta da oração, procurando descobrir o que poderia estar errado (*EE*, Anotação 6). Essa situação de "nenhum movimento espiritual" não leva a quase nenhum crescimento na vida de uma pessoa.

Entretanto, a desolação, não é um tempo perdido em nossas vidas. É uma oportunidade de recebermos as graças mais difíceis que só podem nos ser concedidas por meio de um pouco de sofrimento. Lembre-se de que, embora Deus nunca traga desolação, ele só permite que ela aconteça se pudermos crescer com essa experiência. Foi por meio da experiência de desafiar a Deus que Jó pode encontrá-lo de um modo transcendente. E foi justamente por ter experimentado essa desolação e essa redenção que Jó se tornou muito mais abençoado (mais sábio, mais santo e mais bem-sucedido) do que era antes da desolação. Como Jó, posso fazer uma retrospectiva dos tempos mais sombrios da minha vida e constatar que foi nesses momentos que eu mais cresci.

Inácio aponta para três graças particularmente difíceis que o indivíduo em desolação tem o potencial de receber: a do arrependimento, a da fortaleza e a da humildade. Eu sugeriria outras além dessas: a da paciência, a da segurança de si mesmo, a da autoconfiança, a da sabedoria e a da lealdade inabalável para com Deus e para com os compromissos cristãos. A história central da Ressurreição do cristianismo por meio da cruz de Cristo é o testemunho de que Deus pode transformar até mesmo os acontecimentos mais calamitosos em meios de salvação. Esses tempos sombrios podem ser verdadeiros divisores de água em nossa própria história de salvação.

Na Parte 3, aprenderemos como podemos usar a desolação quase tanto quanto a consolação para discernirmos uma grande decisão. Podemos usar a desolação como uma espécie de indicador negativo da vontade de Deus. Por exemplo, o discernidor pode orar tendo várias opções em mente, imaginando ter vivenciado a opção A, depois a opção B, e assim por diante. Se ele experimenta movimentos de desolação (medo, tepidez, falta de fé, de esperança e de amor) ao imaginar uma opção em particular, pode ser um sinal de que essa opção não traduza a vontade de Deus.

O que o capitão Steve me ensinou

Um dia, o meu irmão Steve me levou para velejar em seu pequeno veleiro de peixe-lua. Confesso que nunca peguei o jeito para navegar a mais de 160 graus da direção do vento, marear, virar em roda, mas assistia com prazer genuíno e fascinação o modo como Steve habilmente nos conduzia para qualquer direção que eu apontasse. Ao perguntar com certo embaraço como poderíamos voltar para casa se o vento não mudasse de direção, aprendi que um bom marinheiro pode usar praticamente qualquer vento a seu favor para ir na direção que bem desejar. Essa foi uma grande revelação para mim! Ingenuamente, sempre pensei que seria necessário viajar na mesma direção do vento o tempo todo. Descobri que navegar significa detectar a fonte do vento para, em seguida, fazer os ajustes necessários para aproveitar ao máximo esse vento para mover o barco para a frente. Essa é uma analogia perfeita sobre como fazer uso do discernimento dos espíritos para progredir na vida espiritual. Ficamos atentos para descobrir a origem de um movimento em particular para depois fazermos os ajustes espirituais necessários para aproveitarmos ao máximo esse movimento (seja ele de consolação ou de desolação) a fim de avançarmos em nossa vida espiritual. Somente quando não há vento é que não podemos seguir em frente. Por essa razão, não temo a desolação. Eu a acolho e a utilizo para a maior glória de Deus. É a pegadinha infalível da qual eu e Deus nos valemos para enganar o falso espírito.

Em caso de incêndio...

Se, ao estarmos em consolação, quebrarmos o vidro da caixa do extintor de incêndio ao identificá-la em voz alta e, em seguida, trabalharmos ativamente contra ela, ela poderá, na pior das hipóteses, ter as menores consequências negativas possíveis. Na melhor das hipóteses, esse pode ser um momento de graça. Ao fazermos uma retrospectiva de três das nossas histórias, poderemos constatar como as oito respostas à desolação acima elencadas podem tanto ajudar o indivíduo em desolação quanto transformar esse momento difícil em um momento de graça:

- Noah foi corajoso o suficiente para não mudar o seu jejum antes de consultar sua rede de apoio. Juntos, depois de reconhecermos e identificarmos o falso espírito que aparentava ser um anjo de luz, escolhemos trabalhar firmemente contra esse movimento e ajustar paulatinamente a sua vida de oração. Hoje em dia Noah considera aquele momento do retiro como de suma importância para a sua vida, pois fez com que ele crescesse tremendamente como pessoa.
- Se Teresa tivesse escolhido não tomar uma decisão quando estava em desolação, mas, em vez disso, tivesse conversado com o seu pai antes, ela não teria abandonado a escola tão abruptamente. Ele teria ajudado Teresa a identificar esse desejo dela de voltar para casa como um falso anjo de luz, que nada mais era do que uma fuga para aliviá-la da solidão e das mágoas que a haviam acometido. Juntos, eles poderiam ter explorado os problemas logísticos (como a sua inadaptação e insatisfação com a sua vida no *campus*) e feito escolhas preventivas para tornar sua vida diária um pouco mais agradável. Mas, acima de tudo, seu pai poderia

- ter falado com ela com brandura e a encorajado, dizendo que ela estava no lugar certo e que ela era muito inteligente e talentosa para abandonar a escola.
- Mari tinha maturidade suficiente para permanecer fiel à sua oração, a despeito da sua sensação de vazio ao orar, e para recorrer à ajuda de mentores, orientadores espirituais, psicólogos e médicos. Ao fazer isso, ela descobriu que sua desolação era mais de natureza psicológica do que de natureza espiritual. Ela manteve viva a sua esperança de cura ao não desistir de procurar ajuda onde quer que ela fosse oferecida, fosse ela espiritual, psicológica ou medicamentosa. Pacientemente, ela recorreu a uma vasta gama de soluções e acabou encontrando a ajuda de que precisava.

Devemos responder a situações de perigo com precisão e obstinação, e estar bem conscientes do que devemos fazer e deixar de fazer. Se o fogo da desolação incendeia a minha vida espiritual, devo conhecer as maneiras corretas e erradas de combatê-lo. Responder adequadamente não apenas evitará o desastre, mas também pode muito bem me levar a um estado de graça abundante.

Tabela 3: Oito maneiras de lidarmos com a desolação
1. Chame-a pelo nome.
2. Não faça nenhuma mudança desnecessária.
3. Confie em sua rede de apoio.
4. Considere suas as causas logísticas e morais.
5. Tome cuidado com o falso anjo de luz.
6. Seja firme com o falso espírito.
7. Seja gentil consigo mesmo.
8. Tenha fé de que Deus estará trabalhando por você quando você estiver em desolação.

Eu vou morrer,
mas isso é tudo que farei pela Morte.
Eu a ouço tirando o cavalo da baia;
ouço as pisadas no chão do celeiro.
Ela tem pressa; tem negócios em Cuba,
negócios nos Bálcãs, muitos chamados a fazer nesta manhã.
Mas não vou segurar a rédea
enquanto ela ajusta as correias.
Ela que monte sozinha:
não lhe darei apoio na subida.

Embora ela fustigue meus ombros com o seu chicote,
não direi a ela para onde a raposa fugiu.
Com seu casco em meu peito,
não vou contar a ela onde o menino negro está escondido no pântano.
Eu vou morrer, mas isso é tudo que farei pela Morte.
Eu não estou em sua folha de pagamento.

Não direi para ela o paradeiro dos meus amigos,
nem dos meus inimigos.
Ainda que ela me prometa muito,
não lhe darei o endereço de ninguém.
Acaso sou uma espiã na terra dos vivos
para entregar as pessoas à Morte?
Irmã, a senha e os planos da nossa cidade
estão seguros comigo.
No que depender de mim,
serás derrotada.

— EDNA ST. VINCENT MILLAY

5
Em consolação

Chamo de consolação o momento em que um movimento interior é despertado na alma, pelo qual ela é inflamada no amor por seu Criador e Senhor, e, consequência disso, nenhuma criatura pode ser amada na face da terra por si mesma, mas apenas pelo Criador de todas elas. A consolação também se dá com o derramamento de lágrimas que nos leva ao amor de Deus, seja pela dor dos pecados, pelos sofrimentos de Cristo, nosso Senhor, ou por qualquer outro motivo que seja imediatamente direcionado para o louvor e o serviço de Deus. Finalmente, chamo de consolação todo o aumento da fé, da esperança e do amor, e toda alegria interior que convida e atrai para o que é celestial e para a salvação da alma, enchendo-a de paz e tranquilidade em seu Criador e Senhor.

EE 316 *Regras para o Discernimento dos Espíritos,*
Primeira Semana, n. 3

Nas almas que estão progredindo para um grau maior de perfeição, a ação do anjo bom é delicada, gentil e encantadora e pode ser comparada a uma gota d'água penetrando em uma esponja.

EE 335 *Regras para o Discernimento dos Espíritos,*
Segunda Semana, n. 7

Perguntar o que devemos fazer quando estamos em consolação é a mesma coisa que eu perguntar ao meu médico o que devo fazer a respeito de toda essa boa saúde que venho desfrutando ultimamente. Presumo que o médico diria: "Vá viver!". Igualmente se dá com a consolação. Minha principal tarefa é abraçar o mundo! Fazer algo maravilhoso com a minha vida. Fazer o que os seres humanos foram destinados a fazer, que para Inácio significava "louvar, reverenciar e servir a Deus, nosso Senhor". Esse é o meu melhor propósito ou, como Inácio bem apresentou, meu "Princípio e Fundamento". Esse será o tópico da Parte 3, a parte final deste livro.

Mas as pessoas saudáveis não deixam de ir ao médico. Elas fazem *check-ups*, que envolvem vários testes para determinar se há problemas desconhecidos e para evitar problemas potenciais. Desse modo, além da minha tarefa principal de viver o meu Princípio e Fundamento, quando estou em consolação devo fazer exames regulares para poder discernir problemas espirituais subjacentes ou para evitar que problemas potenciais ocorram. Inácio expressou desta forma:

> *Quando alguém desfruta da consolação, deve considerar como irá se portar durante o período de desolação subsequente e reunir forças para melhor enfrentar esse dia.*
>
> EE 323 *Regras para o Discernimento dos Espíritos, Primeira Semana, n. 10*

Mas por que raios eu iria querer voltar aos problemas da minha última desolação, uma vez que ela já terminou? Por que não ser grato por não estar mais em desolação e seguir em frente, em vez de ficar remoendo o passado?

Como conselheiro pastoral de adolescentes, eu achava muito frustrante o fato de eles costumarem esperar até que fosse tarde demais para buscar ajuda pastoral ou emocional. Quando vinham me ver, o problema já havia saído de controle e pouco podíamos fazer a respeito. Lembro-me de receber um telefonema de um dos meus alunos, com quem eu tinha um bom relacionamento de aconselhamento. Ele me disse que havia sido pego com maconha no *campus* e que seria expulso da escola. Ele perguntou se havia algo que eu pudesse fazer. Pensei: *Bem, meu amigo, haveria muito que eu poderia ter feito se você tivesse me contado que tinha esse problema antes de ser pego. Mas agora é tarde demais. Uma vez que quebramos um ovo, não há como repará-lo.*

Também me recordo de vários casos em que os adolescentes recorriam a mim apenas quando estavam passando pelo seu pior momento de depressão, raiva, ansiedade ou medo. Eu fazia o meu melhor para ajudá-los a resistir à tempestade. Mas, assim que esse momento passava, eles deixavam de me procurar e só retornavam quando voltavam aos seus piores momentos de crise. Toda vez que eles saíam desse momento de escuridão, seguiam levando a vida como se nada tivesse acontecido. Nunca me deram a oportunidade de trabalhar com eles "à luz do dia".

Se meu pai e eu estivéssemos pescando e descobríssemos um buraco no fundo do barco, seríamos tolos se tentássemos fazer um reparo definitivo enquanto estivéssemos na água, longe da costa. Nossos objetivos nesse momento

> Correi enquanto tiverdes a luz da vida.
> — REGRA DE SÃO BENTO

seriam bem claros: tapar o buraco o melhor que fosse possível e começar a tirar toda a água de dentro do barco à medida que retornássemos o quanto antes para a terra firme! Só quando chegarmos sãos e salvos poderemos pensar em tirar o barco da água para fazermos o conserto *na parte de baixo* do barco. Da mesma forma, não posso fazer mudanças de longo alcance enquanto eu estiver em meio à desolação. Meus objetivos no momento de maior perigo são bastante claros: tapar o buraco, tirar a água de dentro do barco e voltar para a terra firme! Somente quando eu estiver ancorado no porto seguro da consolação serei capaz de resolver o problema abaixo da superfície.

Por que a consolação, ao contrário da desolação, é o momento certo para resolvermos o problema? Nas palavras de Inácio:

> *Pois, do mesmo modo que na consolação o bom espírito nos guia e nos aconselha, na desolação o mau espírito nos orienta e nos aconselha em sentido contrário. Se agirmos sob a sua inspiração, nunca seremos capazes de encontrar o caminho para uma decisão correta.*
>
> EE 318 *Regras para o Discernimento dos Espíritos, Primeira Semana, n. 5*

Quando estamos em desolação, toda objetividade se esvai. O falso espírito é o nosso conselheiro e apresenta propostas tolas, chega a conclusões incorretas e faz julgamentos equivocados. Fazemos um *check-up* quando estamos bem de saúde e não quando padecemos de uma doença aguda ou quando sofremos uma lesão. Certa vez, para participar de um ministério em um hospital, um dos nossos noviços teve de fazer um teste de rotina para tuberculose. Mas ele teve uma virose no dia em que faria o teste, de modo que não pôde fazer o teste porque o vírus em questão, que não tinha relação com a tuberculose, poderia fazer com que o resultado do teste desse um falso positivo para a doença.

Essa é uma ótima metáfora para o que quase sempre acontece na vida espiritual. Quando estamos em desolação, podemos chegar a conclusões sobre aspectos das nossas vidas que não têm nenhuma relação com a causa da desolação. Um jovem casado que estiver em desolação pode interpretar o repentino afastamento de sua esposa como um sinal de que o seu casamento está em apuros. A solidão de Teresa a levou a concluir que o seu pai precisava que ela voltasse para casa. A tristeza de Noah o fez acreditar que ele não estava jejuando adequadamente. O discernimento levado a cabo durante os períodos de desolação geralmente produz resultados muito ruins. Portanto, quando estamos em desolação, não podemos confiar em nossas percepções enquanto estivermos passando por esse período. Em vez disso, precisamos recorrer à ajuda da nossa rede de apoio com maior intensidade para avaliarmos melhor as decisões que devem ser tomadas por enquanto e esperarmos que a consolação volte a nos iluminar para podermos chegar a resoluções mais duradouras.

Se a consolação é o momento ideal para refletirmos sobre as nossas desolações, por que hesitamos tanto em fazê-lo? Muitas vezes, evitamos encarar as partes dolorosas da vida porque recorremos ao mecanismo de defesa da evitação. A psique está programada para temer a dor psicológica. Evitamos pensar nelas para fingir que os problemas não existem. Mas já vimos que o medo não é a ferramenta preferida do verdadeiro espírito. Não é aconselhável agirmos sob o domínio do medo – ainda que para isso tenhamos de *evitar* fazer algo que supostamente poderia nos ajudar. E fingir que a desolação não voltará a nos acometer é querer continuar a ser ingênuo e despreparado. Inácio é direto sobre esse ponto:

> *Quando alguém desfruta da consolação, deve considerar como irá se portar durante o período de desolação subsequente e reunir forças para melhor enfrentar esse dia.*
>
> EE 323 *Regras para o Discernimento dos Espíritos, Primeira Semana, n. 10*

Timothy Gallagher ressalta que Inácio não nos diz que a desolação *pode* vir depois, pois ele afirma com todas as letras que ela *virá* depois. Faz parte da experiência humana estar em desolação de tempos em tempos e não temos escolha quanto a isso. O que podemos escolher é se devemos ou não nos preparar para a próxima vez que ela nos acometer. Podemos usar a força que vem da consolação, ou seja, da proximidade com Deus e do aumento da fé, da esperança e do amor, para enfrentarmos o futuro com os olhos bem abertos.

Na profissão de votos em agosto de 2003, nosso provincial, padre Fred Kammer, nos presenteou com uma emocionante homilia dirigida aos homens que estavam prestes a fazer os votos perpétuos de pobreza, de castidade e de obediência à Companhia de Jesus. Eis aqui o que ele disse:

Nos próximos anos, vocês serão tentados pela pobreza e pela simplicidade a procurarem mais conforto, a possuírem mais bens materiais e a confiarem mais em seu grau de instrução, em sua posição ou em suas posses do que na graciosa bondade de Deus.

Vocês serão tentados pela fidelidade e pela solidão a se tornarem ambivalentes, a oferecerem intimidade quando lhes convier, a racionalizarem a promiscuidade, em vez de vocês caminharem com Jesus, o Companheiro, na escuridão desconhecida que é o discipulado.

Vocês serão tentados pela disponibilidade e pela obediência a decidirem que vocês são necessários em apenas um lugar, que só vocês sabem para onde Deus os está chamando e que ninguém valoriza os inúmeros dons que vocês têm, em vez de vocês estarem sempre prontos e dispostos a irem aonde quer que vocês forem chamados.

Não teria sido melhor para o padre Kammer se ele simplesmente tivesse expressado sentimentos agradáveis e felizes em uma ocasião tão alegre quanto essa? Por que ele teve de fazer tais previsões tão desagradáveis? Qualquer pessoa que já tentou fazer votos – sejam eles votos de casamento ou votos religiosos – sabe muito bem por que ele proferiu essas palavras. Ele as proferiu porque elas são verdadeiras! Ele sábia e amorosamente queria que esses homens professassem os seus votos com os olhos bem abertos e queria que eles usassem as graças provenientes do ato virtuoso de fazer votos para se prepararem para os dias em que o caminho se tornar mais íngreme e o caminho a ser seguido cada vez mais difícil de ser encontrado. Por mais desagradável que isso possa parecer, esta é nossa tarefa quando caminhamos nas alturas da consolação: nos prepararmos para o dia em que inevitavelmente desceremos dessas alturas.

Portanto, quais seriam as maneiras de nos prepararmos na prática para a desolação enquanto estivermos em consolação?

Preparação 1:
observe o "curso dos pensamentos"

Devemos observar todo o curso de nossos pensamentos. Se o início, o meio e o fim do curso dos nossos pensamentos forem totalmente bons e direcionados ao que é totalmente certo, é um sinal de que eles são provenientes do anjo bom. Mas o curso dos pensamentos que nos são sugeridos também pode nos levar a algo negativo, perturbador ou menos positivo do que nossa alma anteriormente se propôs a fazer e, mais uma vez, pode terminar naquilo que enfraquece ou inquieta a alma ao destruir a paz, a tranquilidade e a quietude das quais desfrutávamos anteriormente e causar perturbação à alma. Tudo isso é um sinal bem claro de que esses pensamentos são provenientes do mau espírito, o inimigo de nosso progresso e da nossa salvação eterna.
EE 333 Regras para o Discernimento dos Espíritos,
Segunda Semana, n. 5

Quando o inimigo da natureza humana for detectado e reconhecido pela trilha do mal que marca o seu curso e pelo fim perverso para o qual ele nos conduz, será de grande valia para aquele que foi tentado examinar de imediato todo o curso de sua tentação. Que ele considere uma série de bons pensamentos, como eles surgiram e como o mau espírito gradualmente tentou fazê-lo sair do estado de deleite espiritual e alegria em que se encontrava com o intuito de atraí-lo para os seus perversos desígnios. O objetivo desse autoexame o é de que, uma vez que tal experiência tenha sido entendida e cuidadosamente observada, futuramente poderemos nos resguardar dos enganos habituais do inimigo.
EE 334 Regras para o Discernimento dos Espíritos,
Segunda Semana, n. 6

Assim que eu for capaz de "detectar e reconhecer a trilha do mal" do falso espírito e de ascender do abismo da desolação, Inácio me instrui a voltar e a seguir o curso dos pensamentos que me levaram à desolação.

Quando foi que o início da minha desolação se tornou perceptível? Qual era o meu estado de espírito antes disso? Quais eram as circunstâncias da minha vida naquele momento? Houve alguma mudança externa que poderia ter me causado essa inquietação interior? Alguma coisa me aborreceu naquele momento? Alguma coisa me excitou ou me fez feliz? Houve algum momento importante em meus relacionamentos mais significativos?

Inácio me aconselha a dar uma atenção especial aos meus pensamentos: *O que é que se passava em minha mente naquele momento? Tive alguma ideia ou alguma percepção significativa? Houve alguma mudança no meu processo de raciocínio?* Em seguida, devo fazer um exame cuidadoso dessas mesmas questões em relação às minhas emoções e ações, sem pular nenhuma etapa e procurando detectar até mesmo as menores mudanças. Pode ser que eu consiga descobrir uma linha sutil de pensamentos, emoções ou ações que gradativamente me levaram ao caminho da desolação, como se fosse um fio que percorresse o momento imediatamente anterior à desolação, o seu início, o seu meio e o seu fim. Desenrolar esse fio pode ser um grande avanço em minha busca por autoconhecimento.

Ou talvez não se trate de um fio percorrendo toda a experiência da desolação, mas sim de um nó – ou um som quase imperceptível – situado em determinado ponto no meio de uma procissão "normal" de pensamentos, emoções ou ações. Talvez tenha havido um momento específico em meio a tudo isso que realmente me pareceu trazer inquietação, temor, confusão, ausência de fé, de esperança e de amor e ausência do meu senso de proximidade de Deus. Ao localizar esse momento único, devo examiná-lo atentamente sob um microscópio para compreendê-lo melhor. Ele surgiu em razão de alguma questão específica? Foi causado por algum acontecimento exterior? Foi consequência de algum raciocínio incorreto?

Ao examinar a história do meu último período de desolação, poderei observar as cores e contornos da desolação. Como ela se manifestou no meu caso? O que a tornou pior? O que a tornou mais suportável? Dentre as características da desolação descritas no capítulo 2, quais estiveram presentes em minha experiência? Quais estiveram ausentes?

Essa investigação do "curso dos pensamentos" não é o mesmo que um exame de consciência. Não estou procurando descobrir onde pequei. A desolação pode ter sido causada pelo pecado, mas também é bem possível que eu não tenha realmente pecado em nenhum momento ao longo do caminho. Pode ser até que eu não tenha cometido um erro sequer durante a desolação. Desse modo, meu objetivo nessa investigação não é me culpar pelas minhas falhas morais ou pela minha incapacidade, mas sim aprender de que modo *específico* a desolação costuma entrar em minha vida para que eu possa estar mais bem preparado para a próxima vez em que ela ameaça voltar.

No entanto, se eu descobrir algum pecado ou alguma vulnerabilidade de ordem psicológica na origem disso tudo, é exatamente quando eu estiver em consolação que eu poderei trabalhar em prol de uma saúde moral ou psicológica mais duradoura. Embora eu deva estar bem atento às consequências imediatas das minhas vulnerabilidades quando estou em desolação, devo explorar as *causas subjacentes* a elas quando eu estiver em consolação. Enquanto eu estiver em desolação, farei o que for preciso para "tapar o buraco" o mais rápido possível para que não me apareçam mais problemas, ao passo que, enquanto eu estiver em consolação, deverei me concentrar no *ponto zero* das minhas vulnerabilidades e procurar por soluções mais duradouras. Se eu me exaltar quando estiver em desolação, então terei de esperar até o momento em que eu me acalmar para poder explorar o que está por trás do problema. Se tenho propensão a me preocupar de modo obsessivo, então devo explorar as raízes desse medo na terapia não apenas quando estiver abalado, mas também quando estiver mais tranquilo. Se passar um feriado com a minha família costuma me deixar maluco, então devo discutir as nossas diferenças assim que o feriado passar e que eu estiver me sentindo "normal" novamente.

Preparação 2: fique atento às suas vulnerabilidades

Inácio recomenda que eu explore, em espírito de oração, as áreas nas quais sou vulnerável a ataques espirituais (e eu acrescentaria emocionais). Usando a metáfora do falso espírito como um inimigo em um combate, Inácio nos diz:

> *Um comandante e líder de um exército irá acampar, explorar as fortificações e as defesas da fortaleza e atacá-las no seu ponto mais vulnerável. Da mesma forma, o inimigo da natureza humana observa por todos os ângulos todas as nossas virtudes teológicas, cardeais e morais. Assim que ele se depara com as nossas defesas da salvação eterna mais fracas e deficientes, partirá imediatamente para o ataque e tentará nos tomar de assalto.*
>
> EE 327 *Regras para o Discernimento dos Espíritos, Primeira Semana, n. 14*

A desolação costuma surgir pela entrada de um de meus pontos de vulnerabilidade. A desolação sabe exatamente como me deixar irritado e aborrecido. Se eu tiver tendência à raiva, a desolação fará de tudo para eu me zangar. Se eu tiver baixa autoestima, ela fará com que eu fique obcecado por alguma crítica que eu tenha recebido recentemente, além de exagerá-la. Se eu for preguiçoso, o controle remoto da televisão acenará para mim quando eu começar a orar. Quanto mais eu estiver ciente das minhas fraquezas, mais serei capaz de reconhecer o quando o falso espírito estará no encalço delas. Durante a minha consolação, quando estou mais lúcido, Inácio me encoraja a refletir sobre essa questão. O que costuma desencadear o medo e a raiva dentro de mim? Quais são as situações que fazem com que se repitam continuamente em minha cabeça as falsas imagens de aversão a mim mesmo, ciúme, orgulho, raiva ou medo? Devo identificar os seguintes fatores desencadeadores:

- **Lugares:** Sempre que vou a esse escritório (ou àquela casa), me sinto mesquinho, enciumado ou amedrontado.
- **Pessoas:** Não gosto de quem sou quando estou perto dessa pessoa.
- **Assuntos:** Sempre que discuto sobre política, costumo sair do sério.
- **Horários:** Sinto-me solitário durante as madrugadas em que não consigo dormir; fico mal-humorado de manhã antes de tomar o meu café.
- **Traços de personalidade:** Sou irritadiço (ou muito sensível, frio, passivo ou pessimista).

Lembre-se de que o verdadeiro objetivo é identificar os movimentos dentro de mim. Ao identificar os "gatilhos" que desencadeiam minha irritação e me deixam aborrecido, serei capaz de perceber mais prontamente o perigo com antecedência e de me preparar para enfrentá-lo.

Mecanismos de defesa: vulnerabilidades mais comuns

A psicologia nos informa que, quando nós, humanos, nos sentimos magoados ou ameaçados, faz parte da nossa biologia nos protegermos da ameaça percebida. Muitas vezes, mesmo sem eu estar ciente disso, meus mecanismos de defesa inconscientes entram em ação, e eu me vejo reagindo de maneiras que não são saudáveis ou que não são santas. Refletir sobre as minhas experiências internas à luz dos mecanismos de defesa mais comuns pode me ajudar a identificar onde sou mais vulnerável.

- **Passividade e evitação:** Sinto-me amedrontado ou ameaçado, e isso me paralisa. Repentinamente me vejo evitando uma situação desconfortável. Fico mais ensimesmado e observo os acontecimentos passivamente em vez de desempenhar ativamente um papel neles. Por exemplo, se eu me vejo "esquecendo" repentinamente de me encontrar com meu o mentor, isso pode ser uma forma de evitação.

- **Agressão:** Como um gato acuado, reajo à mágoa, às críticas ou às ameaças que recebo atacando as pessoas que considero como minhas inimigas e faço ataques preventivos sem o discernimento adequado.
- **Comportamento passivo-agressivo:** Este é um mecanismo de defesa muito comum entre adultos que consideram a passividade ou a agressividade como algo inferior. Em vez de partir para um ataque direto contra o meu suposto inimigo, silenciosamente saboto seus esforços. Por exemplo, meu chefe me chama a atenção sobre algo, e admito o meu erro. Então, pelas costas dele, faço uma piada sobre ele para os meus colegas de trabalho ou revelo algo sobre ele que o envergonharia. Também posso repentinamente ter problemas para terminar algum projeto que eu sei que ele está esperando.
- **Deslocamento:** Dirijo a minha reação a alguém que não a provocou. Por exemplo, posso estar magoado e zangado com a minha esposa, mas acabo descontando nas crianças. Redireciono ou desloco os sentimentos negativos que tenho por alguém ou por algo que não posso mudar para alguém ou para algo a quem ou a que posso fazer isso, mesmo que esse novo objeto da minha atenção nada tenha a ver com o que provocou a minha reação inicial.
- **Repressão:** Nego, até para mim mesmo, a presença de quaisquer sentimentos negativos que possam ser considerados inaceitáveis. Os homens costumam reprimir sentimentos de rejeição ou de solidão porque demonstrá-los é considerado um sinal de fraqueza. As mulheres às vezes reprimem a raiva porque são ensinadas que devem ser dóceis e obedientes.

Os membros dos Alcoólicos Anônimos aprendem que, às vezes, simples impulsos humanos, ainda mais básicos do que esses mecanismos de defesa, acabam nos levando a fazer coisas estúpidas. Quando um alcoólatra em recuperação é tentado a beber, ele aprende a "PARAR" e a se perguntar se alguma necessidade humana básica não está sendo atendida: Estou com fome? Nervoso? Sozinho? Cansado?[1]

É importante lembrar que, muitas vezes, sem que eu saiba, meu subconsciente está reagindo a alguma ameaça, dor ou necessidade. Quanto mais faço com que esses problemas aflorem conscientemente em minha oração, mais improvável será a possibilidade de a desolação fazer uso deles para tirar o que há de melhor em mim.

Tabela 4: Construindo fortificações
1. Identifico os meus pontos fracos. Ao orar, exponho a Deus as áreas da minha vida onde costumo enfrentar esses buracos emocionais. Em minha oração, digo a Deus algo como: "Senhor, minha irmã me deixa verdadeiramente irritado". "Senhor, percebi que como compulsivamente quando estou deprimido." "Senhor, a inveja que sinto do meu colega de trabalho me levou a fofocar sobre ele." "Senhor, hoje levei os meus problemas da escola comigo para casa e gritei com o meu pai." Peço ao Senhor por discernimento e cura.
2. Exponho os meus pontos fracos para a minha rede de apoio. Admito o problema para o meu melhor amigo e peço a ele que faça com que eu continue responsável por minhas próprias decisões e que me ajude a me manter sob controle. Peço ajuda ao meu orientador espiritual sobre como eu deveria abordar determinada vulnerabilidade que tenho ao orar e faço algumas leituras espirituais sobre esse assunto.
3. Se for apropriado, exponho essa vulnerabilidade que tenho às outras pessoas. Pode ser uma revelação dolorosa ou embaraçosa, mas faz parte do papel do cônjuge, membro da família ou companheiro me dar o apoio necessário para que eu possa superar os meus pontos fracos. Certa vez, em meio a uma provocação

---

1. No original em inglês, *hungry*, *angry*, *lonely* e *tired*, que formam o acrônimo HALT, que significa "parar". (N. do T.)

Tabela 4: Construindo fortificações
que eu fazia a um amigo meu, ele me disse: "Tenho muita sensibilidade em relação a esse assunto, então não me provoque". Sinceramente, eu não tinha a menor ideia disso antes que ele me falasse e fiquei muito grato a ele por compartilhar isso comigo. Desnecessário dizer que nunca mais o provoquei nesse assunto. Aliás, passei a fazer a coisa certa ao elogiá-lo sempre que fosse apropriado. Esse amigo foi sábio e corajoso em lidar com essa vulnerabilidade dele ao me contar sobre ela.
4. Comprometo-me a orar nos momentos em que eu me sentir especialmente vulnerável. Nos meus momentos de maior tensão, devo partir diretamente para a oração, ou seja, pouco antes de visitar os meus sogros, a caminho da entrevista de emprego, antes de me sentar para comer, quando sou solicitado a fazer um trabalho que normalmente evito fazer.
5. Peço ao Senhor que me ajude a agir com calma e com bastante consciência dos meus atos durante esses momentos de tensão. Tenho em mente que a desolação muitas vezes me leva a fazer mudanças imprudentes e que os meus gatilhos emocionais muitas vezes me fazem perder as estribeiras. Peço ao Senhor que me ajude a evitar reações irrefletidas em momentos estressantes.
6. Escolho ser preventivo em vez de reativo. Por exemplo, antes que o meu vizinho comece a discutir sobre política, digo a mim mesmo que vou realmente procurar ouvi-lo desta vez. Conduzo a conversa dizendo algo positivo sobre alguma observação acertada que ele fez na última vez em que conversamos. Ou, para dar mais um exemplo, se sou tímido e tendo a não me socializar, oro pela graça de me comprometer a ficar na festa do meu amigo um pouco mais do que eu normalmente ficaria.

Preparação 3: tome cuidado com a falsa consolação

Devo tomar cuidado ao procurar por uma falsa consolação *quando estou em desolação*, porque é uma fuga fácil, embora ilusória, da dor. Devo tomar cuidado ao procurar por uma falsa consolação *quando estou em consolação*, porque ela aparenta ser a verdadeira consolação, e posso cair nessa armadilha sem nem mesmo me dar conta disso.

Na oitava regra, Inácio discorre sobre um tipo específico de consolação denominada *consolação sem causa precedente*. Este é um tipo extraordinário de consolação, por meio do qual Deus faz com que fiquemos em consolação de uma maneira mais direta mediante uma espécie de experiência mística, e não como consequência de uma ocorrência exterior específica ou de um "curso de pensamentos" interior. Inácio explica: "Isso se dá sem que haja nenhuma causa, sentimento prévio ou conhecimento do objeto que provoque o surgimento dessa consolação". Decidi não explorar esse tópico em grandes detalhes neste livro por dois motivos. Primeiro, há uma grande variedade de interpretações (e pouca concordância a respeito) entre os estudiosos inacianos quanto à característica, à frequência e às implicações desse tipo de consolação. Em segundo lugar, Inácio diz que nesse tipo de experiência não há necessidade de discernir, tendo em vista que "cabe somente a Deus, nosso Senhor, dar consolação à alma sem causa precedente" e, portanto, "não pode haver engano nesse tipo de consolação". Inácio está dizendo que, nesse momento extraordinário de graça, o próprio Deus será o nosso guia e nos conduzirá pela mão. Sendo isso verdadeiro, pouco há o que acrescentar sobre essa questão em um livro sobre discernimento.

No entanto, Inácio faz uma importante nota de advertência na oitava regra:

> Mas uma pessoa espiritualizada que recebeu tal consolação deve considerá-la com muita atenção e ser capaz de distinguir cuidadosamente o momento em que realmente está em consolação do período que se segue. Nessa ocasião, a alma ainda estará fervorosa e favorecida com a graça e os efeitos posteriores da consolação que já passou. Neste segundo período, muitas vezes a alma toma várias resoluções e faz vários planos que não são concedidos diretamente por Deus, nosso Senhor. Eles podem vir tanto do nosso raciocínio sobre as relações entre as nossas concepções e sobre as consequências dos nossos julgamentos quanto do bom espírito ou do mau espírito. Portanto, eles devem ser examinados cuidadosamente antes de receberem aprovação total e serem colocados em prática.
>
> EE 336 *Regras para o Discernimento dos Espíritos, Segunda Semana, n. 8*

Às vezes, logo após uma consolação sem causa precedente, somos suscetíveis a uma falsa consolação. Eu gostaria de fazer uma afirmação que vai um pouco além da percepção de Inácio. Com base em minha própria experiência como pregador e orientador espiritual, afirmo que qualquer pessoa é mais suscetível a uma falsa consolação logo após *qualquer* experiência religiosa intensa, tenha ela uma causa precedente ou não. Em outras palavras: *quanto mais intensa for a minha experiência da consolação, mais suscetível serei à falsa consolação que imediatamente se seguirá.*

Às vezes, a consolação inebriante que experimentamos logo após uma experiência profunda – um retiro religioso intenso, uma conversão ou uma reconversão, uma experiência de quase morte ou qualquer outra experiência mística – nos induzirá a fazer algo espiritualmente ousado, mas não muito prudente. Por exemplo, depois de um retiro religioso que mudou a sua vida, um jovem pode, sem ter um discernimento completo, tentar ingressar em um mosteiro ou tornar-se um missionário leigo na África.

Podemos assumir o compromisso impossível de orar várias horas por dia, em vez de nos preocuparmos com as nossas vocações mais mundanas ou com as nossas obrigações familiares. Por essa razão, Inácio aconselha ao orientador do retiro que,

> *se aquele que estiver ministrando os Exercícios perceber que o exercitante está prestes a ficar em consolação e com um grande fervor, deve adverti-lo para que ele não seja imprudente ou precipitado ao fazer qualquer promessa ou voto.*
>
> EE *Anotação 14*

Vale a pena repetir que as intensas emoções negativas que geralmente acompanham a desolação (por exemplo, medo, raiva e tristeza) nos levam a perder a objetividade. Às vezes, também é verdade que as emoções *positivas* extremadas que sentimos após uma experiência intensa de consolação (por exemplo, alegria extática, confiança extrema e devoção radical) também podem causar uma perda de objetividade. Embora a consolação seja um bom momento para discernirmos e agirmos com ousadia, nunca devemos fazer isso sem considerarmos tudo com "muita atenção". Todas as nossas ações, mesmo aquelas que são fruto da consolação, devem ser "examinadas cuidadosamente" (*EE*, n. 8).

Preparação 4: procure a presença de Deus nos momentos dolorosos do seu passado

Quando estou em desolação, muitas vezes sou incapaz de sentir a presença de Deus em minha vida. Durante esses períodos difíceis, devo simplesmente presumir que Deus está presente, embora eu não tenha nenhuma evidência disso. Por essa razão, quando estamos em consolação é importante *fazermos uma retrospectiva* desses momentos sombrios, a fim de reconhecermos a mão de Deus neles. Uma das principais características da consolação é a facilidade com a qual podemos "encontrar Deus em todas as coisas", para usarmos uma expressão inaciana. Fazer uma retrospectiva para constatar o quanto Deus estava presente em minha vida, me guiando e me amando o tempo todo, aumentará a alegria da consolação e me ajudará a agir com fé, ou seja, com confiança na presença de Deus, na próxima vez em que eu estiver em desolação.

Recebendo toda uma história

Duy Nguyen, um padre diocesano vietnamita, ganhou de presente de seus paroquianos um retiro inaciano de trinta dias. Padre Duy passou os primeiros dias simplesmente louvando a Deus por sua vida, que vinha sendo gratificante e enriquecedora. Ele tinha bons amigos e um bom relacionamento com sua comunidade. Seu relacionamento com Deus só se fortalecia com o passar dos anos. Acima de tudo, ele estava exultante com o precioso dom do sacerdócio que lhe havia sido concedido. Fazendo uma retrospectiva de seus quinze anos como sacerdote, Duy descobriu que nada o fazia se sentir mais plenamente humano e plenamente vivo do que as vezes em que ele foi capaz de agir como se fosse Cristo para as pessoas que o procuravam em busca de ajuda sacerdotal.

No entanto, à medida que os dias de retiro se estendiam, Duy fez uma retrospectiva do seu passado distante e se lembrou de sua fuga violenta e traumática do Vietnã e de sua angustiante viagem marítima para a América. Essa experiência deixou uma ferida profunda que ele sabia que iria carregar para o resto da vida. Quanto mais ele meditava sobre essa ferida, mais raiva ele sentia de Deus por ter permitido que ele experimentasse isso. Por dois dias inteiros de oração, Deus parecia estar em silêncio enquanto Duy repetidamente lhe perguntava "Por quê, Senhor?". Finalmente, no terceiro dia de oração sobre sua experiência trágica, ele sentiu uma forte sensação da presença curadora de Deus. Embora Deus parecesse não dar resposta à pergunta de Duy, ainda assim o abraço caloroso de Deus foi um bálsamo para suas feridas abertas. Duy não tinha mais respostas do que no dia anterior e ainda assim ele experimentou uma consolação tranquila e reconfortante.

No quarto dia, Deus parecia conduzir Duy em um exercício de imaginação. Deus se ofereceu para dar a Duy uma pequena amostra do plano divino executado durante a sua vida sacerdotal. Duy viu uma cena após a outra de seu ministério ao povo de Deus de maneiras extraordinárias. Ele observou o quanto ele trazia cura espiritual e alívio para muitos por meio do sacramento da reconciliação e do aconselhamento pastoral.

Como nos primeiros dias de seu retiro, ele foi inundado de alegria e de gratidão por essas experiências. Mas, nesta segunda vez, Deus mostrou a Duy precisamente como o seu passado trágico desempenhou um papel importante em seu sacerdócio. Pela primeira vez em sua vida, Duy percebeu o quanto ele inconscientemente usou o seu passado doloroso para entrar em contato com a dor daqueles a quem aconselhou. Ele raramente falava de sua tragédia durante essas sessões, mas cada palavra que trocou com eles, cada lágrima que derramou com eles e cada oração que compartilhou com eles vieram diretamente da experiência humana comum do amor constante de Deus em meio à tragédia. Havia um casal em particular que havia perdido o seu filho de nove anos em um acidente apavorante. Durante os seus longos acessos de tristeza, o casal costumava visitar Duy com frequência. Embora tivessem pouco em comum (o casal era americano, branco e bem-nascido), os três se uniram na dor, nas lágrimas e nas orações. Foi a experiência mais importante e gratificante da vida sacerdotal de Duy, e agora ele podia constatar claramente como o seu próprio passado trágico havia desempenhado um papel necessário no processo de cura da dor desse casal.

Na imaginação devota de Duy, Deus dizia a ele: "Eu sou onipotente e todo-poderoso. Se você me pedir, vou levá-lo de volta no tempo até o seu nascimento e remover toda a experiência trágica de sua imigração para a América. Vou substituí-la por um passado mais fácil e menos doloroso". Duy pensou em tudo o que Deus havia feito com o seu passado traumático, como Deus, de alguma forma, havia encontrado uma maneira de transformá-lo em um instrumento de salvação para si mesmo e para aqueles a quem ele servia. Ele percebeu claramente como a sua tragédia foi essencial nos momentos mais importantes da sua idade adulta e especialmente do seu sacerdócio. Ele se voltou para Deus, com as lágrimas escorrendo pelo rosto, e disse: "Não, obrigado, Senhor. Vou ficar com tudo o que você me presenteou".

Foi o momento mais feliz de sua vida.

Duas atividades úteis

Podemos termos fácil acesso a duas atividades que podem nos ajudar muito a nos preparar para os nossos tempos futuros de desolação. Ambas são meios de processar as nossas experiências e de refletir sobre elas. E de nossa reflexão vem a sabedoria. Na verdade, a reflexão é a ênfase-chave da prática inaciana, porque somente quando refletimos sobre a nossa experiência é que podemos nos engajar em nossa vida interior de um modo eficaz e aprender com ela.

A primeira atividade é a *orientação espiritual e/ou a mentoria*. Não devemos agir como os adolescentes que mencionei anteriormente, que recorriam ao aconselhamento apenas como uma forma de apagar incêndios e nunca para a sua prevenção. Quando nos sentimos fortes, saudáveis e felizes, somos tentados a interromper nossas visitas aos nossos orientadores e aos nossos mentores. Achamos que, por estarmos bem, não precisamos mais dessas visitas. Mas Inácio discordaria. Se é para trabalharmos para valer no exame das nossas desolações do passado, na busca de apoio para podermos fazer frente às nossas vulnerabilidades, no constante estado de alerta contra a falsa consolação e na busca de Deus nas partes dolorosas do nosso passado, precisaremos da objetividade que só alguém que está alheio ao que vivenciamos é capaz de nos oferecer. Simplesmente existem tentações demais que nos levam a recorrer à negação e à evitação nessas áreas delicadas da vida.

Um *diário espiritual* é a segunda atividade útil para nos prepararmos melhor para a desolação. Uma das dificuldades que experimentamos ao lidarmos com as nossas vulnerabilidades, desolações e acontecimentos dolorosos do nosso passado é a falta de raciocínio claro que muitas vezes nos acompanha nessas experiências – poderíamos pensar em uma caminhada envolta em névoa como uma descrição precisa. A consolação pode nos permitir ter mais clareza em nossos pensamentos e linhas de raciocínio, mas, mesmo sob esse ponto de vista mais favorável, uma linha de raciocínio mais objetiva pode ser difícil de alcançar. Escrever nossas reflexões em um diário pode ser útil porque é um processo visual em vez de simplesmente mental. Esboçar nossa descida passo a passo rumo à desolação mais recente, por exemplo, pode ser mais fácil de fazer ao esboçarmos no papel a progressão dos nossos pensamentos. Algumas pessoas acham mais conveniente fazer desenhos ou diagramas, outra forma de trabalhar visualmente com a nossa vida interior.

Tabela 5: Quatro maneiras de nos prepararmos para a desolação
1. Observe o fluxo dos seus pensamentos.
2. Fique atento à falsa consolação.
3. Fique atento às suas vulnerabilidades.
4. Busque por Deus em seu passado doloroso.

Outra finalidade de fazermos um diário quando estamos em consolação é a simples coleta de evidências. É na consolação que vemos as coisas como realmente são, ou seja, quando somos capazes de ver a bondade da criação de Deus dentro de nós e ao nosso redor. As avaliações que fazemos dos nossos relacionamentos, das nossas próprias forças, dos nossos dons e da nossa amizade com Deus serão muito mais precisas quando estivermos em consolação do que quando estivermos em desolação. O registro dessas avaliações em um diário deixará documentadas as boas qualidades presentes em nossas vidas. Se eu anotar todas as minhas percepções enquanto estiver em consolação, então terei ao que recorrer na próxima vez em que eu estiver em desolação e as minhas avaliações se tornarem obscuras e difusas. Do mesmo modo que me sinto tentado a negligenciar minha orientação espiritual quando tudo está bem, também poderei me sentir compelido a fazer um diário apenas quando estiver passando por momentos difíceis. Por essa razão, devo me comprometer de modo concreto a fazer um diário não apenas quando estou em crise, mas também quando estou em consolação.

Exercício de oração B: Examine as desolações do passado

Comece a orar colocando-se em uma posição de alerta, mas ao mesmo tempo confortável. Passe um bom tempo em silêncio e pedindo ao Espírito de Deus para estar presente e enchê-lo de vida. Mergulhe no espírito como você mergulharia em uma banheira quente.

Se você se sentir chamado a fazer isso, comece a refletir sobre uma ocasião em que o falso espírito levou a melhor sobre você. Pode ter sido algo corriqueiro, como quando você foi ríspido com o seu cônjuge ou o seu o cônjuge foi ríspido com você, ou pode ter sido algo mais duradouro e com maiores desdobramentos, como na ocasião em que você esteve em um "lugar amaldiçoado" que o levou a se sentir profundamente angustiado. Por mais doloroso que seja fazer isso, faça uma retrospectiva desse momento e procure sentir exatamente o que você sentiu nessa ocasião. Sinta a raiva, a dor e assim por diante, mas não deixe de ter em mente que você já não está mais nesse lugar amaldiçoado e consequentemente não tem nada mais a temer ou com o que se preocupar. É desse espaço abençoado em que você se encontra agora que você pode fazer uma retrospectiva desse mau momento e aprender com ele. Eis aqui algumas maneiras por meio das quais você poderá refletir sobre os seus momentos de desolação enquanto se delicia nas graças da consolação:

- Que peças o falso espírito pregou em você quando você se encontrava em desolação? Em que falsa presunção você foi levado a acreditar? Quais foram as emoções que você mais sentiu? Houve algum temor em particular que fez com que você desse o melhor de si? A experiência de desolação foi prolongada por você ter alimentado o falso espírito ou por ter sido alimentado por ele? Fale com Deus sobre isso.

- Ao permanecer no espaço abençoado do amor de Deus, peça a ele para lhe mostrar os pontos de vulnerabilidade em sua vida. Quais foram os lugares, as pessoas, os assuntos, os momentos e as situações que o colocaram em um mau caminho? Anote cada um deles em seu diário e revele cada um deles para Deus. Fale com Deus sobre cada um deles e, se você se sentir chamado a fazer isso, peça a Deus para que você seja curado. Acima de tudo, simplesmente recoste-se no calor do amor incondicional de Deus.

- Rememore os momentos ruins da sua vida e observe se houve momentos em que você resistiu ao chamado de compartilhar seus problemas com uma pessoa solícita. Reconheça o alívio, a cura e a consolação que você experimentou quando finalmente conversou sobre o assunto com alguém. Fale com Deus sobre isso.

- Faça uma retrospectiva de sua vida e considere se em algum momento o falso espírito apareceu disfarçado de "anjo de luz". Ou seja, se já houve algum momento em que você sentiu que seguir determinado caminho parecia maravilhoso e correto, mas ele acabou se revelando um beco sem saída? Peça a Deus para lhe revelar todos os ensinamentos que você possa extrair desse momento para que você seja capaz de reconhecer momentos semelhantes no futuro. Reveja o que aconteceu nesse momento e peça a Deus que lhe revele quaisquer sinais indicadores da presença do falso espírito para que você possa ficar atento no futuro.

- Faça uma retrospectiva de todos os momentos de desolação de sua vida e observe como Deus usou até mesmo esses momentos difíceis para lhe presentear com dons espirituais como a coragem, a fortaleza, a humildade e o amor. Observe a presença de Deus em seus momentos de maior desolação, durante os quais, embora você não reconhecesse a presença dele, ele não deixou de guiá-lo e de sustentá-lo.

O propósito desses exercícios não é fazer você se sentir mal, culpado ou deprimido, mas sim pedir que a luz de Cristo o ajude a examinar as suas experiências de desolação e aprender com elas, para que você possa ser menos suscetível a elas no futuro.

Pronto para o discernimento

A Parte 1 nos apresentou Santo Inácio e mostrou como os acontecimentos de sua vida o levaram à conversão e ao fascínio de uma vida inteira pelo processo de discernimento. Introduziu os conceitos de falso espírito e de desolação que o acompanha, e o de verdadeiro espírito e de consolação que o acompanha e nos expôs as características de cada um deles.

A Parte 2 nos apresentou sugestões concretas de como podemos reagir às experiências de desolação e de consolação em nossa vida cotidiana. No capítulo 4, abordamos oito maneiras de como podemos reagir à desolação, e, no capítulo 5, quatro maneiras de como podemos reagir à consolação.

Mas ainda não exploramos as maneiras *mais* importantes de reagirmos à consolação, que são louvar, reverenciar e servir a Deus. Louvor e reverência são bastante autoexplicativos e nos vêm naturalmente quando estamos em consolação. A parte complicada é discernir como, quando e onde devemos servir a Deus.

Quais são as minhas vocações na vida – o que fui chamado a fazer com a minha vida? Observe que a palavra "vocações" está no plural aqui, pois procuramos maneiras de discernir quais são as nossas grandes vocações, como o casamento, o celibato ou a vida religiosa, mas também estamos interessados em nossas vocações menores: *Onde fui chamado para morar? Com quem fui chamado a fazer amizade? Que trabalho fui chamado a fazer e em que lugar?* E estamos até mesmo interessados em como podemos discernir as menores coisas presentes no nosso dia a dia: *Devo confrontar meu chefe sobre isso? Devo trabalhar neste pequeno projeto ou naquele outro? Devo conduzir o nosso grupo nesta ou naquela direção? Devo avisar que estou doente hoje ou me animar e ir trabalhar?*

Tendo já adentrado no universo das consolações e das desolações, podemos colocar esse conhecimento para funcionar a partir de agora à medida que discernirmos esses grandes e pequenos chamados da vida. Inácio nos oferece inúmeros conselhos concisos e sábios sobre como empregar o discernimento dos espíritos para respondermos as inúmeras questões que surgem ao longo da vida de uma pessoa comum. Este é o assunto da Parte 3.

O capítulo 6 apresenta o grau de disposição que devemos ter antes de iniciarmos o processo de discernimento e introduz o importante conceito inaciano de indiferença. O capítulo 7 volta à história da conversão de Santo Inácio e a usa como modelo para as quatro fases que costumam acompanhar um bom discernimento. O capítulo 8 apresenta o penúltimo ato, que consiste no oferecimento de nossa decisão preliminar a Deus e no aguardo da confirmação dessa decisão. Assim que tivermos recebido essa confirmação, estaremos prontos para tomar a decisão final. Em seguida, o livro conclui oferecendo algumas sugestões sobre como colocar em prática uma decisão definitiva e sobre como evitar as armadilhas que às vezes poderão surgir depois que uma decisão definitiva é posta em prática.

PARTE 3

DO DISCERNIMENTO DOS ESPÍRITOS À TOMADA DE DECISÕES

Se Santo Inácio estava correto ao dizer que eu não deveria tomar uma decisão quando estivesse em desolação, logo tanto o meu processo de discernimento quanto as minhas ações *deveriam* ocorrer quando eu estivesse em consolação. Portanto, esse é o momento propício para eu decidir o que exatamente Deus está me chamando para fazer em um momento crucial da minha vida. Mas como tomar essa decisão? Com tantas opções ao meu dispor, como decidir qual é a minha vocação específica?

O mundo está cheio de pessoas boas tentando fazer a coisa certa. Mas como poderíamos determinar com exatidão qual seria a coisa certa a fazer na conjuntura específica de cada um de nós? Às vezes, podemos nos deparar com mais de uma boa opção, o que representa um problema, porque caberá a nós determinar qual será a *melhor* escolha.

Todos os dias, cada um de nós toma uma série de decisões. Muitas delas não são bem fundamentadas, mas simplesmente o que julgamos ser o caminho mais fácil que podemos seguir. Muitas nem mesmo chegam a ser decisões propriamente ditas, mas um meio de evitarmos tomar qualquer decisão até que as circunstâncias nos obriguem a fazer uma escolha. Algumas decisões são fruto de cuidadosas considerações e deliberações, mas poucas – muito poucas – resultam de um processo de discernimento em espírito de oração.

Acredito que a maioria das pessoas realmente deseja tomar decisões sábias. Na verdade, muitas pessoas sinceras adorariam tomar suas decisões em espírito de oração, mas sentem-se completamente perdidas sobre como fazer isso. Esta parte do livro foi elaborada para ajudar essas pessoas a fazerem boas escolhas.

6
Antes de tomar uma decisão: estabeleça um fundamento

Em seus clássicos *Exercícios Espirituais,* Santo Inácio de Loyola traça o caminho que uma pessoa deve percorrer para buscar e encontrar a Deus. Foi o caminho percorrido pelo próprio Inácio em sua jornada:
- do pecado e da culpa à redenção e à misericórdia;
- da criação à encarnação e à Ressurreição;
- da gratidão pelo serviço e de volta à gratidão maravilhada pelo amor de Deus permeando toda a criação e trabalhando por ela.

Mas antes de descrever essa jornada, em apenas alguns parágrafos Inácio estabelece o que ele chama de Princípio e Fundamento. A importância da identificação e da articulação de um princípio e fundamento só foi descoberta recentemente pelas organizações, tanto religiosas quanto seculares. Podemos encontrar declarações de missão nos vestíbulos das igrejas espalhadas por toda a América e nas páginas iniciais de corporações e organizações na Internet. Se for uma declaração firme e bem articulada, todas as ações da organização girarão em torno dessa declaração e remeterão a ela. A declaração de missão – ou, em linguagem inaciana, o princípio e fundamento – é a base essencial da intenção e da atividade de uma organização ou de uma pessoa.

> **Princípio e Fundamento** (EE 23)
> *O homem foi criado para louvar, reverenciar e servir a Deus, nosso Senhor, e assim salvar sua alma.*
>
> *As outras coisas na face da terra foram criadas para o homem, para ajudá-lo a atingir o fim para o qual foi criado.*
>
> *Consequentemente, o homem deve fazer uso delas à medida que elas o ajudem a atingir o seu objetivo e deve se livrar delas à medida que elas representarem um obstáculo para ele.*
>
> *Portanto, devemos nos tornar indiferentes a todas as coisas criadas, na medida em que nos é permitido o livre-arbítrio e não estamos sob nenhuma proibição. Desse modo, no que nos diz respeito, não devemos preferir a saúde à doença, a riqueza à pobreza, a honra à desonra, a vida longa à vida curta. Igualmente vale para todas as outras coisas.*
>
> *Nosso único desejo e nossa única escolha deve ser por tudo aquilo que mais nos conduz ao fim para o qual fomos criados.*
>
> EE, 12

Antes de tomar uma grande decisão, também desejo estabelecer para mim mesmo o fundamento, ou seja, o objetivo primordial das ações que estou discernindo em um dado momento. Se sou uma mulher que trabalha fora e que está pensando em deixar o seu emprego para ser uma dona de casa, perguntaria: *O que é mais importante para mim? O que é melhor para os meus filhos e como posso oferecer isso para eles?* Se sou um advogado considerando o próximo passo em sua carreira, começaria o meu processo de discernimento perguntando: *Por que sou advogado? Por que Deus me chamou para este trabalho? Levando-se tudo em consideração, qual é o meu propósito como advogado?* Se sou uma mulher idosa em uma casa de repouso, sentindo-se perdida e deprimida, pensaria: *Para o que Deus pode estar me chamando nestes últimos anos da minha vida? Como posso contribuir para meu pequeno mundo, que consiste em meus familiares, em meus amigos e em todos aqueles com quem eu convivo na casa de repouso onde moro?* Se sou uma adolescente que está discernindo qual faculdade gostaria de cursar, perguntaria: *Por que quero ir para a faculdade? Qual é o propósito de uma educação universitária? Com o meu diploma de curso superior, como poderia dar glória a Deus e servir aos meus entes queridos e à comunidade em geral?*

Essas são as grandes questões que estabelecerão a base para todas as questões subsequentes. Estar consciente do grande projeto de sua vida universitária dará um novo significado às perguntas que uma adolescente fará a si mesma no momento em que ela visitar um *campus* universitário e escrever a sua redação para admissão na faculdade[1]. Enquanto os adolescentes que não estabeleceram um princípio fundamental por meio da oração estarão avaliando os quartos do dormitório e fazendo uma lista dos bares em cada bairro da cidade universitária, uma adolescente com maior discernimento provavelmente estará lendo a declaração de missão da faculdade e comparando-a com os seus próprios princípios. Enquanto os outros provavelmente estarão mais preocupados com a proporção entre garotos e garotas no *campus* e o acesso à Internet, ela estará mais preocupada com o compromisso da faculdade com a justiça e com o seu histórico de admissão de um corpo discente diversificado. Cada etapa subsequente do seu processo de discernimento será formada e moldada de acordo com o modo como ela estabelece seu princípio e fundamento.

Neste capítulo, exploramos uma série de questões e conceitos que nos ajudarão a moldar o princípio e o fundamento de cada um de nós.

> *Em toda boa escolha, no que depender de nós, nossa intenção deve ser simples. Devo considerar apenas o fim para o qual fui criado.*
>
> EE 169

---

1. Nos Estados Unidos, parte do processo de avaliação para o ingresso de um aluno na faculdade é uma redação pessoal sobre seu histórico escolar e sobre seu interesse no curso procurado. (N. do T)

O que você procura?

Posso me lembrar de inúmeras situações em minha vida durante as quais ter feito grandes perguntas alterou todo o meu processo de discernimento, tanto no que dizia respeito às pequenas decisões do dia a dia quanto no que dizia respeito às grandes decisões que revolucionaram a minha vida. Anos atrás, ao me mudar para outra cidade para começar uma nova designação, me vi em sérias dificuldades para decidir quem eu deveria procurar para ser o meu novo orientador espiritual. Certa noite, a caminho do cinema com o meu amigo Jim, contei-lhe sobre minhas dificuldades em decidir quem eu deveria escolher. Jim me fez uma pergunta muito simples: "O que você está procurando neste momento da sua vida?". Essa pergunta mudou tudo! É claro que eu deveria ter começado o meu processo de discernimento com essa pergunta, mas, em vez disso, pulei essa primeira pergunta fundamental e fui direto para perguntas secundárias, tais como: "Quais são as qualidades dessa pessoa?" e: "Será que me darei bem com essa pessoa?".

Princípio e Fundamento: a declaração que responde às grandes questões sobre o propósito da minha vida e o propósito de determinada decisão.

Mas, quando Jim me fez essa pergunta fundamental, foi fácil perceber por que eu não conseguia tomar uma decisão. Mesmo se eu conhecesse as qualidades e características de cada orientador em potencial, como é que eu poderia escolher o orientador se eu não havia sequer determinado os objetivos específicos da minha orientação espiritual? Em primeiro lugar, qual era o meu *propósito* ao procurar tal pessoa? Respondendo, em oração, para mim mesmo a grande questão de Jim, rapidamente identifiquei a pessoa certa para abordar.

Há muitos anos, quando eu era um jovem jesuíta em preparação para o sacerdócio, apaixonei-me por uma aluna leiga na escola que eu frequentava. Depois de passar semanas em meio a um turbilhão de emoções, um dia tive uma epifania enquanto rezava, quando me ouvi dizendo a Jesus: "Nada é mais importante para mim do que viver os votos que eu me comprometi a fazer contigo, Senhor". Embora isso tenha acontecido há muitos anos, ainda posso me lembrar claramente do enorme alívio e alegria que senti naquele momento. Em meio à desorientação que experimentei por estar apaixonado, eu havia conseguido encontrar novamente o meu propósito – o meu princípio e fundamento. Graças à oração e a uma rede de apoio de amigos, de mentores e da Igreja, pude considerar a experiência de ter me apaixonado como a dádiva – a graça – que Deus pretendia que fosse. E, ao prosseguir na jornada desse meu relacionamento com Deus com base nesse princípio fundamental, permiti que Deus fizesse de mim um sacerdote e me transformasse em um homem muito melhor do que eu jamais poderia ter sido se, em vez disso, eu tivesse negado nutrir sentimentos por essa mulher ou se eu tivesse abandonado minha vocação com base nesses mesmos sentimentos.

Eis aqui outro exemplo de como fazer grandes perguntas pode mudar tudo. Ray, pai de três meninos, estudou em uma escola jesuíta quando adolescente, experiência que considerou fundamental para a sua vida. Anos depois, seus dois filhos mais velhos, Paul e Brian, gostavam tanto da *alma mater* de Ray que Allen, o filho mais novo, mal podia esperar para ter idade suficiente para poder estudar lá. Enquanto isso, Ray recebeu uma oferta

> Os dois discípulos o ouviram e seguiram Jesus. Ele se voltou e, percebendo que o seguiam, lhes perguntou: "Que procurais?". Responderam: "Rabi" – que quer dizer Mestre –, onde moras? E ele lhes disse: "Vinde e vede".
> — João 1,37-39

tentadora de se mudar para uma cidade distante. Ele sentou-se com o pequeno Allen e lhe explicou o motivo pelo qual talvez eles teriam de se mudar de Houston. Allen ouviu com paciência e interesse. Quando Ray terminou de dar suas explicações, Allen perguntou: "Tudo bem, papai, mas eu ainda posso estudar em uma escola jesuíta, não é mesmo?". Isso fez com que Ray repensasse a sua decisão. Se o que ele recebia em seu emprego atual era mais do que o suficiente para eles viverem confortavelmente, então por que ele estava considerando uma mudança? Para a felicidade de seus filhos? Mas o que *realmente* faria Allen e as outras crianças felizes? Ao refletir melhor sobre essas grandes questões, Ray acabou recusando a oferta.

E eis outro exemplo, embora de menores proporções. Lupe se sentia pouco valorizada no trabalho. À medida que sua avaliação anual de desempenho no trabalho se aproximava, ela ficava cada vez mais ansiosa. No entanto, quando o grande dia chegou, seu chefe a chamou ao escritório, fez uma avaliação entusiasmada sobre o desempenho dela e lhe disse: "Lupe, adoramos seu trabalho". Lupe ficou emocionada e mal podia esperar para contar essa história para sua melhor amiga, Mary Carmen, em seu jantar fora semanal. Mas, assim que ela chegou ao restaurante, percebeu imediatamente que havia algo de errado. Mary Carmen estava chorando profusamente quando se aproximou para abraçar Lupe. "Tomás me largou!", ela se lamentou. Desse modo, elas passaram a noite inteira tentando processar a experiência traumática de Mary Carmen. Lupe queria muito compartilhar suas boas notícias, mas decidiu que, por ora, os apuros de Mary Carmen deveriam ter precedência sobre os seus próprios desejos. O princípio e o fundamento de Lupe incluíam compartilhar o amor de Cristo, com o melhor de sua capacidade, em todas as circunstâncias. Ela poderia esperar outro dia para compartilhar suas boas notícias.

Exercício de oração C: Princípio e fundamento

Neste estágio inicial, você pode tirar proveito dos grandes desejos do seu coração, começando com o desejo de louvar, reverenciar e servir a Deus, nosso Senhor, e de ter Jesus como seu companheiro íntimo. Seu tempo de oração deve se basear no seu desejo de estar com Cristo para amá-lo, louvá-lo e servi-lo.

- Na oração, relembre as suas primeiras experiências de Cristo chamando você para estar ao lado dele e de como você respondeu a esse chamado. Em espírito de oração, lembre-se do momento em que você entregou sua vida a Cristo de alguma forma concreta, seja por meio de um momento de conversão, de um retiro espiritual ou de uma cerimônia religiosa que o comoveu, por você ter recebido um dos sacramentos pela primeira vez, pelo seu processo de preparação para cumprir um importante objetivo de vida, tal como aprender determinado ofício, por comprometer sua vida com a do seu cônjuge ou por fazer votos em uma ordem ou congregação religiosa. Sente-se em silêncio e saboreie essas memórias. Louve e reverencie a Deus com gratidão por esses momentos que mudaram o curso da sua vida.
- Embebido de gratidão pela misericórdia e pelo chamado de Deus, procure refletir sobre as grandes questões. Qual é o sentido da vida? Qual é o sentido da *minha* vida? O que me faz sair da cama todas as manhãs? Quando eu ficar velho e estiver próximo da morte, que tipo de vida eu ficaria orgulhoso de ter vivido e feliz em rememorar?
- Talvez duas ou três palavras ou expressões venham à tona quanto você refletir sobre essas grandes questões. Palavras como *serviço, amor, família, lealdade, glória de Deus, sacrifício supremo, afirmação, dizer "sim", novos começos, mudança para melhor, paternidade*

ou *maternidade, fraternidade, determinação, amigo verdadeiro, cônjuge fiel, devoção* e assim por diante.

- Com essas palavras e expressões em mãos, estabeleça o seu próprio princípio e fundamento, ou seja, sua própria declaração de missão. Com papel e caneta, ou talvez com um pincel ou um violão, articule o que você acredita ser a sua razão de ser. Comece como Inácio fez, estabelecendo o propósito para o qual Deus o criou. Escreva: "Deus me criou para...".

- Em seguida, passe dessa declaração mais básica para vocações mais específicas e concretas. Por exemplo, na minha vida como jesuíta, começaria com expressões de amor e serviço a Deus e depois passaria às minhas vocações específicas como jesuíta, sacerdote, escritor, professor e formador de jovens e iniciantes na vida religiosa. Se eu fosse um leigo, poderia começar com expressões de amor e serviço a Deus e então passar para minhas vocações como cônjuge e pai. Minha vocação para sustentar a minha família me leva ao trabalho de advogado. Minha vocação para ensinar os meus filhos a terem fé me leva à minha vocação como membro da Igreja. E assim por diante. Para cada uma das vocações que você nomear, relembre o momento em que Deus o chamou e o momento em que você disse "sim". Em seguida, expresse cada uma dessas vocações do seguinte modo: "Deus me criou para _____ (afirmação)".

Quando o processo de discernimento estiver mais avançado, tenha à mão o seu princípio e declaração de fundamento e faça com que ele se torne ainda mais palpável ao aplicá-lo diretamente à decisão específica que você está considerando tomar no momento. Mas, por ora, mantenha-o grandioso, abrangendo toda a extensão do chamado pessoal de Deus para você e a sua resposta pessoal a esse chamado.

Um coração agradecido

Há muita diversidade entre os santos, místicos e outros heróis espirituais, cujo modo de se expressar abrange ampla gama de personalidades, dons e chamados. Mas uma característica que parece permear as orações de todos eles é a gratidão.

Isso não é menos verdadeiro para Santo Inácio de Loyola. Seus clássicos *Exercícios Espirituais*, que se destinam a nos guiar em um retiro de trinta dias, estão repletos de gratidão. De início, eu, como participante de retiro, devo refletir sobre o conceito surpreendente, quase inacreditável, de que todas as coisas na Terra foram criadas tendo em mente o meu benefício, ou seja, de que Deus, bilhões de anos antes do meu nascimento, levou em conta todas as minhas necessidades pessoais e os meus desejos únicos ao criar o universo. Quando estiver mais avançado nos *Exercícios*, ao evocar a Encarnação, devo imaginar a Trindade olhando do alto para o mundo e, em vez de reagir com fúria pelo estado em que ele se encontra, age com compaixão e misericórdia ao decidir encarnar o próprio Deus no mundo a fim de curá-lo. Então eu, o participante do retiro, sigo Jesus em sua vida, morte e Ressurreição, maravilhando-me com tudo o que ele fez por mim. Finalmente, quase no final, Inácio me pede para refletir sobre como Deus trabalha por meio de todos os elementos da criação – por meio dos animais e das árvores, das folhas e edifícios, para comunicar o seu amor divino por toda a criação, mas sem deixar de comunicá-lo para mim, pessoalmente.

Em última análise, mesmo as numerosas meditações de Inácio sobre o pecado levam o participante do retiro não à vergonha ou aversão a si mesmo, mas a uma profunda gratidão. Na verdade, a gratidão é a graça subjacente que Inácio busca para o participante do retiro arrependido. Ele deseja que o participante do retiro faça uma longa e desapaixonada análise de sua própria pecaminosidade precisamente porque foi ao refletir sobre o seu próprio passado pecaminoso que Inácio se apaixonou pelo amor e pela misericórdia de Deus.

E Inácio tinha muitos pecados sobre os quais refletir! Já vimos como antes de sua conversão ele era mulherengo, jogador, beberrão contumaz e arruaceiro. Pouco depois de sua conversão, esse passado pecaminoso deixou Inácio em tal desespero que ele pensou em tirar sua própria vida, pois tinha um profundo senso de sua própria indignidade e se perguntou: "Como é que a terra não se abriu para me engolir?" (*EE*, 30). Porém, quanto mais ele orava pela remissão de seus pecados, mais ele se maravilhava por Deus o amar incondicionalmente e, com o passar do tempo, Inácio gradualmente deu permissão a Deus para curá-lo, recuperá-lo e torná-lo completo novamente. Sabendo muito bem o quão pecaminosa era a sua vida pregressa e ao experimentar de modo tão profundo o perdão de Deus por todos esses pecados, Inácio se tornou a personificação da gratidão.

"Embriagado de tanta gratidão" – como teria dito o antigo poeta laureado[2] Billy Collins – como Inácio responderia a Deus? O que podemos dizer e fazer em resposta a esse amor divino de tirar o fôlego? Oferecê-lo de volta ao Doador!

> Tomai, Senhor, e recebei
> tudo o que tenho e chamo de meu;
> de vós recebi,
> a vós, Senhor, o restituo.
> Tudo é vosso;
> disponde de tudo inteiramente, segundo a vossa vontade.

---

2. Título concedido pelo Congresso Americano a um poeta de destaque, tornando-o uma espécie de embaixador da poesia, título que Billy Collins ostentou de 2001 a 2003. (N. do T.)

Foi assim que Inácio respondeu. Essa é a experiência de todos aqueles que são capazes de amar. Aquele que é amado é tão grato pela doação de si mesmo feita por aquele que ama que reúne tudo o que lhe foi dado e lhe oferece de volta.

O salmista, embebido desse grato desejo de retribuir tudo aquilo que havia recebido, dedica sua própria vida a Deus:

> Como agradecerei ao meu Senhor
> Tudo o que fez por mim?
> Por minha salvação, elevo o cálice,
> invocando o seu nome!
> Pago minhas promessas ao Senhor
> diante de todo o povo.
>
> Salmos 116,12-14

Esse é o ciclo do amor transcendente: o destinatário dos presentes torna-se tão grato que oferece esses mesmos presentes ao Doador. Essa entrega mútua está no cerne da Eucaristia. Como a Primeira Oração Eucarística para as Crianças tão belamente diz: "Pai santo, para vos agradecer, trouxemos este pão e este vinho; pela ação do Espírito Santo fazei que eles se tornem o Corpo e o Sangue de Jesus Cristo, vosso Filho muito amado. *Assim, ó Pai, possamos oferecer o mesmo dom que vós nos dais*".

Duas histórias de gratidão

Depois de muitos anos estéreis e de muitas orações fervorosas, Tamika finalmente engravidou e deu à luz sua primeira e única filha, Samantha. Em dia aterrador, Tamika encontrou a bebê Samantha suando em seu berço e tendo convulsões incontroláveis. Ela e o marido, George, levaram o bebê às pressas para o hospital. Enquanto George, trêmulo, preenchia os formulários no guichê de admissão da sala de emergência, Tamika segurava Samantha nos braços, fechava os olhos e orava: "Senhor, me deste esta linda criança. Eu te imploro para que ela seja salva. Ela é tua filha. Se ela viver, vou oferecê-la para sempre de volta ao Senhor". Samantha realmente sobreviveu e passou a levar uma vida perfeitamente saudável. Tamika foi eternamente grata a Deus pelo dom da maternidade.

Anos depois, Samantha, aos 25 anos, contou à sua mãe sobre sua intenção se tornar uma irmã religiosa. Ela estava apenas pensando nisso, garantiu à mãe, e queria saber o que Tamika achava disso. O coração de Tamika desfaleceu. Por anos, ela ansiava pelo dia em que teria uma casa cheia de netos. Mas, enquanto Samantha esperava nervosamente para ouvir a opinião de sua mãe sobre isso, Tamika se lembrou daquela oração fervorosa na sala de emergência anos atrás. Ela contou essa história para Samantha e disse: "Você e eu pertencemos a Deus, Samantha. Se você e Deus assim o desejarem, então eu também serei totalmente a favor".

Tive a oportunidade de experimentar pessoalmente essa grata oferta da minha própria vida no segundo ano do meu sacerdócio. Naquela época, minha vida de oração estava saturada de gratidão. Praticamente por toda a minha vida desejei ser padre, e, depois de treze anos de formação como jesuíta (caminhamos muito devagar!), finalmente me vi com o dom inacreditável de administrar os sacramentos, ou seja, de ministrar os dons sagrados de Deus ao povo santo de Deus. E, ao contrário do que acontece com a maioria das outras experiências pelas quais ansiamos profundamente, a realização do meu sonho de toda a vida foi ainda mais profunda do que eu imaginava. Tudo o que dizia respeito a ser padre me atraía imensamente. Fiquei tão grato a Deus por esse presente que me deparei com o meu coração reagindo com um *grande desejo* de passar a minha vida inteira louvando e servindo a Deus. Nada mais era tão importante para mim.

Foi nessa época que o superior provincial, padre Fred Kammer, me pediu que orasse sobre o que poderia se tornar a minha próxima missão como padre jesuíta. Ele me deu três ou quatro possibilidades para considerar e pediu-me que eu lhe escrevesse uma carta dentro de algumas semanas, compartilhando os frutos das minhas orações. Eis aqui um trecho dessa carta:

> Passei muito tempo pensando, orando e conversando com amigos sobre essas possibilidades para o futuro e me sinto pronto para oferecer a você o fruto dessas reflexões. Mas a coisa mais importante que tenho para compartilhar com você, Fred, é que, desde aquela conversa que tivemos até o presente momento, estou completamente em paz em relação ao meu futuro. Tenho o prazer de dizer a você que me sinto pronto e disposto a fazer qualquer um dos trabalhos que discutimos. (Fiquei um pouco surpreso com esse grande dom da indiferença, já que, no passado, costumava me preocupar um pouco mais do que deveria com o meu futuro. Mas vou aceitar esse presente de Deus apenas com essas palavras e agradecê-lo por isso.) Desse modo, Fred, sinta-se à vontade para discernir as necessidades da Igreja e da província com a certeza de que estou pronto para intervir onde você sentir que eu seria de maior serviço. Portanto, todos os pontos que apresento a seguir devem ser considerados como peças aleatórias de um quebra-cabeça para ajudá-lo a juntar todas elas – em vez de simplesmente apresentar os meus argumentos a favor de cada uma dessas designações em detrimento das outras.

Exercício de oração D: Orar com gratidão

Em uma folha de papel ou talvez em seu diário, faça um esboço reunindo os dons aleatórios que Deus lhe deu. Simplesmente permita que um dom após o outro venha à sua mente e anote cada um, louvando a Deus por todos eles.

Concentre-se unicamente no dom pelo qual você é mais grato neste momento. Pode ser o mais simples e trivial de todos eles. Use esse único dom como trampolim para o seu louvor e agradecimento por tudo o que Deus fez por você.

Reflita sobre os motivos pelos quais você pratica boas ações. É por obrigação ou por temor a Deus? Ou é uma resposta de gratidão à bondade de Deus?

Reflita sobre o Salmo 116. Em espírito de oração, considere qual seria uma resposta adequada de gratidão a Deus por todo o bem que ele tem feito por você. Se você se sentir chamado para tanto, faça um voto para Deus prometendo responder ao seu amor de uma forma específica e concreta.

Para a maior glória de Deus

Quatrocentos e cinquenta anos atrás, Santo Inácio previu que toda pessoa que embarca em uma jornada honesta e está aberta ao Espírito Santo inevitavelmente se deparará com esse grande desejo de entregar toda a sua vida a Deus. É por isso que Inácio iniciou o Princípio e Fundamento com estas simples palavras: "[Os seres humanos] foram criados para louvar, reverenciar e servir a Deus, nosso Senhor".

Anteriormente, eu havia dito que quem toma decisão deve iniciar o seu processo de discernimento refletindo sobre as grandes questões, devendo estabelecer para si mesmo o fundamento e o propósito de todas as suas ações. Inácio estava convencido de que, se a pessoa estivesse realmente em contato com os seus desejos mais profundos, tudo o que ela desejaria seria louvar, reverenciar e servir a Deus e glorificá-lo com a própria vida. Esse é o desejo mais profundo de todos e é a fonte primordial de todos os outros desejos. Ao definirmos o maior de todos os desejos, estaremos prontos para renunciarmos a tudo o que não leva à glória de Deus e para abraçarmos tudo o que poderá levar a uma *ainda maior* glória de Deus.

Mesmo tudo aquilo que o ser humano logicamente se esforça para conseguir – como uma boa saúde, segurança financeira, uma boa reputação e uma vida longa –, até mesmo esses elementos supostamente essenciais da vida não são tão importantes quanto a glorificação de Deus. Para alcançar a maior glória de Deus, a pessoa estará sempre pronta para abraçar ou abandonar o que quer que a impeça de fazer isso.

A indiferença inaciana

Conforme eu havia escrito em minha carta ao padre Kammer, essa gratidão pelo presente e a minha disponibilidade para obedecer a qualquer chamado de Deus é de fato um dom precioso que deve ser valorizado assim que o recebemos. De fato, é o dom mais importante que podemos esperar receber durante o nosso processo de discernimento. E, na mesma medida que sou agraciado por esse dom, devo discernir graciosamente e com tranquilidade qual será o meu próximo passo. Na espiritualidade inaciana, esse dom da disponibilidade agradecida é chamado de *indiferença inaciana*. Obviamente, isso é bem diferente do que normalmente costumamos chamar de indiferença – ou seja, a atitude negativa de não se importar com coisa alguma. Pelo contrário, a indiferença inaciana é cheia de paixão – paixão pela vontade de Deus e pelo bem de todos. Se sou indiferente nesse sentido inaciano, então me preocupo tanto em servir a Deus de um modo tão definitivo que estarei disposto e pronto para abraçar qualquer coisa – ou a renunciar a qualquer coisa – pela causa. A indiferença inaciana não ignora os nossos desejos, mas consegue atingir o nosso desejo mais profundo, que é louvar, reverenciar e servir a Deus.

Aqui está o que Inácio nos diz sobre a indiferença:

> *Devemos nos tornar indiferentes a todas as coisas criadas, na medida em que nos é permitido o livre-arbítrio e não estamos sob qualquer proibição. Desse modo, no que nos diz respeito, não devemos preferir a saúde à doença, a riqueza à pobreza, a honra à desonra, a vida longa à vida curta. Igualmente vale para todas as outras coisas.*
>
> EE 23 *Princípio e Fundamento*

Por que essa indiferença é tão importante para o discernimento? Se eu decidir tomar uma decisão sem que haja essa indiferença, então, de modo inconsciente, eu direcionarei o meu discernimento para a opção que eu mais desejar. Qual seria o sentido de discernir se eu não estivesse realmente aberto a mais de uma possibilidade? Mas, ao ser indiferente, estarei ainda mais aberto a outras possibilidades, pois realmente *desejo* seguir *qualquer* um dos caminhos percebidos, desde que ele nos leve à maior glória de Deus.

Indiferença do coração, indiferença da vontade

Este dom da indiferença é necessariamente apenas isto: um dom de Deus. No que depender de mim, não posso fazer com que essa indiferença seja fruto da minha vontade, por mais que eu tente. Seria ótimo se todo o meu ser, o meu coração e a minha vontade tivessem essa sensação de indiferença. Mas se, a qualquer hora, eu não tiver *indiferença do coração*, então nem tudo estará perdido. Posso simplesmente orar para ser abençoado com a *indiferença da vontade* e estar predisposto a receber essa graça. Em outras palavras, em qualquer momento do meu processo de discernimento, posso até não experimentar os *sentimentos* de indiferença, mas ainda assim posso escolher seguir o caminho da indiferença voluntariamente.

Por exemplo, se estou decidido a aceitar um emprego de professor em Birmingham ou em Kansas City, posso desejar – no nível emocional – ir para uma cidade em vez da outra. Mas, em minha oração, procuro acessar a minha gratidão pelo gracioso dom do ensino que Deus me concedeu e o meu desejo mais profundo de servir de um modo que resulte na maior glória de Deus. Valendo-me da minha vontade, faço a escolha de me basear naquele desejo mais profundo de dar maior glória de Deus, em vez de seguir qualquer inclinação mais superficial de viver em uma cidade em detrimento da outra. Posso escolher esse desejo mais profundo de servir a Deus em qualquer lugar que resultará em uma maior glória de Deus e permitir que o meu desejo mais superficial de viver em uma cidade em detrimento de outra seja apenas mais um desejo que por acaso me acometeu naquele momento. Este é o objetivo principal do estabelecimento de um princípio e fundamento: escolho aquilo que me ajuda a alcançar o fim para o qual fui criado, que é o louvor, a reverência e o serviço a Deus.

> **Indiferença inaciana:** o estado cheio de graça de desejarmos fazer a vontade de Deus e de louvar, reverenciar e servir a Deus mais do que desejarmos qualquer outra coisa. O estado de disponibilidade agradecida.

Não é que minhas inclinações (por uma cidade em vez da outra, por exemplo) sejam intrinsecamente ruins. Essas inclinações podem muito bem vir do verdadeiro espírito, ou seja, podem acabar sendo um sinal decisivo da vontade de Deus para mim. Por essa razão, será mais interessante para mim fazer com que o tempo que passo orando sobre essas minhas inclinações seja mais bem aproveitado em *outra ocasião*. Mas, por enquanto, nesse ponto inicial do meu processo de discernimento, devo dar preferência a atender ao princípio e fundamento, ao estabelecer para mim mesmo o sentido de quem sou e ao avaliar as minhas ações no contexto mais amplo da ação de Deus sobre o mundo. Somente depois de me ancorar nesse propósito maior, estarei pronto para avaliar qual é o grau de importância das minhas inclinações, dos meus pensamentos, dos meus desejos e assim por diante.

> *É necessário ter como objetivo o fim para o qual fui criado, ou seja, o louvor a Deus, nosso Senhor, e a salvação da minha alma. Além disso, devo ser indiferente, sem nenhum apego excessivo, de modo a não estar mais inclinado ou disposto a aceitar o objeto em questão do que a renunciar a ele, nem a renunciar a ele do que a aceitá-lo. Devo ser como uma balança em equilíbrio, sem me inclinar para nenhum dos lados, para estar pronto para seguir tudo o que percebo estar em consonância com a glória e o louvor de Deus, nosso Senhor, e com a salvação da minha alma.*
>
> EE 179

7
Tomando uma decisão: quatro fases para um bom discernimento

Ao longo do processo de escrever este livro, descobri que Inácio não estava tão interessado em criar um manual passo a passo infalível para a tomada de decisões, mas sim em fazer com que o seu leitor fosse capaz de sentir intuitivamente os espíritos dos movimentos dentro de si, de modo a conhecer a vontade de Deus. Inácio não estava interessado na elaboração de um *processo* de discernimento, mas sim no desenvolvimento de uma *pessoa* de discernimento. Assim que essa pessoa tivesse desenvolvido essa *intuição inaciana*, o discernimento fluiria de forma mais natural e sem maiores problemas.

Intuição inaciana: minha habilidade interna de perceber os movimentos dos dois espíritos dentro de mim.

Em vez de apresentar uma espécie de livro de receitas mostrando o processo de discernimento passo a passo, apresento aqui uma progressão mais orgânica. Estabeleço um padrão do que tende a fluir dentro de um processo de bom discernimento. Uso a própria história da conversão de Inácio como uma espécie de protótipo do modo como uma pessoa perspicaz tenderia a discernir.

Lembremo-nos da história de Santo Inácio do capítulo 1. Tudo começou quando Inácio teve a sua perna destroçada e com sua consequente convalescença. Enquanto esteve preso a uma cama por meses, Inácio começou a ler livros religiosos, dando asas à sua imaginação sobre como deveria ser seguir a Cristo de perto e viver como os santos. Com esses novos "dados", ele começou a elaborar acidentalmente uma espécie de oração silenciosa na qual ele se imaginava vivendo como um soldado de Cristo – vivendo como São Francisco e São Domingos. Ele também tinha outros devaneios, como viver a vida cavalheiresca de um nobre. Esses dois conjuntos contrastantes de sonhos ocupavam grande parte de seu tempo e energia psíquica. Depois de um tempo, ele começou a refletir minuciosamente sobre o significado de suas reações internas a esses dois conjuntos de sonhos. Ao refletir sobre eles, ele começou a discernir as raízes dos desejos que brotavam dentro dele enquanto sonhava acordado e, a partir dessa reflexão, ele descobriu uma maneira de conhecer a vontade de Deus.

Usando essa progressão da conversão de Inácio como modelo, vamos explorar as fases que um processo de discernimento típico tende a seguir. Para fazermos um bom discernimento, normalmente deveremos

- ficar em silêncio,
- coletar dados,
- sonhar os sonhos e
- refletir minuciosamente sobre os nossos sonhos.

Fase 1: fique em silêncio

Mas nosso Senhor fez com que ele recuperasse a sua saúde e ele melhorou. Ele era saudável em todos os aspectos, exceto por não conseguir ficar de pé sobre aquela perna e, por essa razão, foi forçado a permanecer na cama.
Autobiografia 5

O mundo moderno, com todas as suas maravilhas, é simplesmente barulhento demais para o nosso próprio bem. Não podemos pensar direito em meio à cacofonia de valores concorrentes apresentados por anúncios, pela mídia, pelos políticos e pelas pessoas ao nosso redor. Para ouvir o som da voz de Deus, devemos abaixar o som do mundo. Devemos encontrar um refúgio de quietude interior, separando-nos do ruído exterior. Mesmo para um discernidor experiente, os movimentos dos espíritos são simplesmente muito sutis para serem detectados sem que ele permaneça um pouco em silêncio a cada dia.

> De acordo com a tradição quacre, qualquer pessoa, a qualquer momento, pode pedir para que se faça silêncio.

Foi preciso uma bala de canhão para acalmar a vida de Inácio o suficiente para que ele considerasse uma alternativa à sua vida de soldado e de mulherengo. Espero que não seja necessário um acontecimento tão dramático assim para que possamos nos acalmar! Tudo aquilo de que precisamos é assumir o pequeno compromisso de orar todos os dias e de ter disciplina suficiente para manter esse compromisso.

Preciso de uma vida de oração consistente e significativa

Por definição, o discernimento tem tudo a ver com a oração. Se quero discernir bem, devo ter uma vida de oração. Ter uma vida de oração envolve mais do que simplesmente orar todos os dias. Deve ser uma experiência central em minha vida cotidiana. A oração não deve necessariamente ocupar uma parte muito grande do meu tempo, mas sim muito do meu espaço interior, em termos do impacto que pode ter em toda a minha vida. Entendo a oração como fundamental para o

> Quando estamos sozinhos e quietos, sentimos que algo será sussurrado em nosso ouvido; por isso odiamos o silêncio e nos drogamos com a vida social.
> — FRIEDRICH NIETZSCHE

meu bem-estar. Quando um companheiro me pergunta com sinceridade: "Como vai você?", o estado da minha vida de oração será uma parte importante da minha resposta. É quase como se a minha vida de oração fosse uma pessoa com quem tenho um relacionamento amoroso: cuido dela, a alimento e dou todo o meu coração a ela. Minha vida de oração, por sua vez, me alimenta, estabelece os meus fundamentos e me orienta. É triste dizer, mas também negligencio minha vida de oração. Fico entediado com ela e brigo com ela. Às vezes, simplesmente não nos damos bem. Mas estou sempre me relacionando com ela.

Vida de oração: o meu relacionamento íntimo e contínuo com Deus por meio da oração.

> O discernimento permanece obscuro e misterioso para a maioria dos orantes, e isso ocorre, creio eu, apesar de o discernimento ser o elo essencial entre a oração e uma vida cristã ativa e o ponto de encontro da oração e da ação apostólica.
> — THOMAS H. GREEN, *Weeds among the wheat* ["Joio entre trigo"]

Uma vida de oração não precisa ser necessariamente mística, deslumbrante ou inspiradora. Mesmo para os orantes mais experientes, esse hábito espiritual muitas vezes parece bastante comum e rotineiro. O essencial é a importância da oração para quem está orando. O que importa é que oremos um pouco todos os dias para nos aproximarmos de Deus, que afetuosamente deseja muito se aproximar de nós.

No fim das contas, o que digo ou o que penso que Deus diz, quais passagens das Escrituras uso ou em quais posições me sento não importa muito. O que importa é que estou buscando Deus. Posso confiar que Deus cuidará do resto. Métodos e posturas são detalhes logísticos que ajudam um iniciante a começar, mas orar não é um bicho de sete cabeças. Se eu for sincero, é impossível que eu ponha tudo a perder.

Dito isso, quais seriam esses detalhes logísticos?

Não preciso orar por longos períodos todos os dias, mas preciso orar um pouco *todos* os dias

Pouquíssimas pessoas têm prazer em orar por longos períodos e, francamente, isso não é necessário. Se sou um iniciante, posso começar com dez ou quinze minutos de oração e, muito gradualmente, aumentar para trinta ou trinta e cinco. É mais importante que eu crie o hábito e não pule muitos dias. É melhor orar por quinze minutos por dia com regularidade do que por uma hora apenas de vez em quando.

Em termos práticos, o que devo fazer durante o meu tempo de oração?

Existem muitos guias passo a passo para iniciantes em oração, incluindo o meu próprio livro *Armchair mystic* ["Místico amador"]. Recomendo adquirir algum desses livros e examiná-los com a ajuda de um mentor que já está familiarizado com o processo de oração há algum tempo. Basicamente, eis aqui o que costuma acontecer durante a oração diária:

1. Antes de começar a orar, penso no que tem se passado ultimamente em minha mente e em meu coração e se eu deveria orar sobre isso. Procuro ter à mão qualquer coisa que possa me ajudar a me concentrar neste assunto: uma passagem da Escritura, uma leitura espiritual, uma fotografia, o folheto da faculdade que espero cursar, um registro do meu diário ou a minha aliança de casamento.

2. Começo com algumas orações-padrão, como o pai-nosso ou a glória-ao-pai. Peço a Deus que venha até mim e digo a ele sobre qual assunto gostaria de orar.

3. Passo alguns momentos cada vez mais em silêncio. Posso cantarolar uma música religiosa por algum tempo. Permaneço nesse estado de tranquilidade enquanto eu me sentir confortável com ele. Em alguns dias, isso consumirá todo o meu tempo de oração, e não haverá problema algum quanto a isso, pois às vezes ficar quieto e receptivo a Deus é a parte mais importante da oração.

4. Se eu me sentir motivado para tanto, tomo em minhas mãos o objeto que coloquei ao meu lado. Leio uma passagem das Escrituras. Olho atentamente para uma fotografia. Coloco a minha aliança de casamento na palma da minha mão. Se eu não tiver nenhum desses objetos à mão, então fecho os meus olhos e imagino diante de mim algo que me comove: a pessoa por quem nutro fortes sentimentos, a cidade para a qual estou sendo transferido ou o pecado do qual espero me ver livre.

5. Agora, da melhor maneira que eu puder, deixo nas mãos de Deus o controle de tudo o que tiver de acontecer. Meu único trabalho será segurar aquele objeto ou imagem e refletir sobre eles em minha mente e em meu coração, mas sem ser muito analítico, pois esse não é o momento propício para grandes elucubrações

intelectuais. Em vez disso, simplesmente me concentro no assunto em questão, não apenas segurando-o em minhas mãos e tampouco retendo-o apenas na minha mente, mas acima de tudo sentindo-o com o meu coração. Permito que esse assunto me leve a alguma emoção mais profunda, como alegria, medo, contentamento, raiva, paz, saudade ou tristeza.

6. Sinto que Jesus ou Deus Pai está presente quando reflito sobre esse assunto. Do mesmo modo, imagino que Deus também se sinta afetado por ele e começo a sentir como Deus é afetado por ele. Percebo que o que o meu coração está sentindo a respeito desse assunto está em sintonia com o que Deus está sentindo. Ou posso perceber o contrário – que parecemos ter sentimentos diferentes em relação a esse assunto. Ouço em silêncio o que quer que Deus queira me dizer a respeito disso e o que quer que o meu coração possa estar querendo dizer a Deus.

7. Quando eu me sentir compelido a fazer isso, retiro-me delicadamente da oração. Deixo para rezar o pai-nosso em outra ocasião. Por fim, agradeço a Deus por esse momento e encerro a oração fazendo o sinal da cruz.

Minha vida de oração será cada vez mais tranquila se eu orar sempre no mesmo horário e no mesmo lugar e se eu recorrer a rituais para iniciar e para encerrar a oração

Posso orar, por exemplo, em minha cadeira estofada da sala de estar todas as manhãs antes de as crianças acordarem ou em um banco do parque nos intervalos da minha corrida noturna. Posso começar todas as orações com um glória-ao-pai ou terminá-las com uma canção de louvor silencioso. Posso acender uma vela especial, segurar algum objeto sagrado ou me cobrir com uma manta ou um xale de oração. Cada um de nós descobrirá o seu próprio ambiente de oração de modo individualizado e terá de reajustá-lo de vez em quando para manter sua vida de oração renovada e revigorante.

É altamente recomendável que eu possa contar com a ajuda de um mentor ou de um orientador espiritual que já tenha alguma experiência nesse tipo de oração

Precisarei de alguém com quem falar sobre a minha oração quando surgirem dúvidas ou problemas. Posso precisar de conselhos se eu sentir que a minha vida de oração ficou um pouco cansativa e entediante, por exemplo. Ou posso precisar de ajuda para discernir o tema da minha oração. Talvez eu precise falar em voz alta o que acho que está acontecendo em minha oração antes de poder compreender totalmente o que está acontecendo. Também posso precisar de reconhecimento por parte do meu mentor de vez em quando.

Fase 2: colete dados

Como [Inácio] era um leitor ávido de livros de ficção mundana, comumente chamados de romances de cavalaria, e tendo em vista que ele estava se sentindo muito bem, pediu alguns desses livros para passar o tempo. Naquela casa, porém, eles não encontraram nada do tipo que ele estava acostumado a ler, então trouxeram para ele A vida de Cristo *e um livro sobre a vida dos santos em espanhol. Pela leitura frequente desses livros, de certa forma ele acabou tomando gosto pelo que encontrou escrito neles.*

Autobiografia 5

A Fase 2 é objetiva e fácil de entender. Se, a essa altura, eu tiver muitas opções para escolher (por exemplo, se sou o encarregado pela seleção de um candidato a uma vaga de emprego e tiver uma pilha de candidaturas na minha frente), minha declaração de missão provavelmente tornará mais fácil a minha tarefa de selecionar duas ou três opções e descartar todas as outras. Portanto, a partir de então já é chegada a hora de eu arregaçar as mangas e fazer uma pesquisa rigorosa sobre cada uma das minhas opções, sobre as quais devo reunir o máximo possível de informações. Vou visitar pessoas e lugares relevantes, fazer uma série de pesquisas na Internet, conversar com especialistas, fotocopiar gráficos, fotos e relatórios e fazer perguntas sem fim.

Mais uma vez, minha rede de apoio (mentores, companheiros, membros da família e da minha Igreja) será de valor inestimável para mim. Se estou discernindo se tenho ou não vocação para a vida religiosa, por exemplo, levarei alguns folhetos vocacionais para o meu mentor e perguntarei qual a sua opinião sobre eles. Convidarei um amigo para visitar uma comunidade religiosa comigo. Se estou decidindo se devo ou não permanecer em um casamento difícil, deverei me colocar a par dos ensinamentos da Igreja sobre o casamento, o divórcio e a anulação. Procurarei o conselho de casais exemplares que já enfrentaram tempestades conjugais e de homens e mulheres respeitados que tiveram de desfazer os seus casamentos. Se estou discernindo em que faculdade devo me matricular, pedirei a opinião dos meus professores favoritos e procurarei estar a par sobre o que cada um deles poderia me dizer a respeito de cada faculdade.

Como seria a minha oração nesse estágio? As próximas duas fases serão os momentos mais importantes da oração. Por enquanto, posso tranquilamente colocar a minha vida nas mãos de Deus. Digo a Deus, mais uma vez, o quanto desejo fazer a sua vontade e o quanto desejo estar disponível para a vida, o trabalho, o relacionamento ou o compromisso específico para o qual ele me chamou. Peço a Deus que aprofunde minha indiferença. Volto à minha declaração de missão, repetindo-a indefinidamente em espírito de oração. Coloco as opções diante de Deus e até mesmo um folheto, um formulário de inscrição ou uma fotografia relevante sobre a minha Bíblia enquanto oro, mas ainda não me esforço muito para obter uma resposta. Em vez disso, faço uma espécie de discussão de ideias com Deus sobre quais podem ser as melhores perguntas a serem feitas e quais os melhores caminhos a serem explorados.

Exercício de oração E: Discussão de ideias em espírito de oração

Considere a seguinte história da Bíblia, na qual Deus envia o profeta Samuel para escolher o próximo rei de Israel entre os filhos de Jessé:

> [Disse Javé a Samuel:] "Eu te indicarei o que haverás de fazer, e ungirás para mim aquele que eu mandar". Samuel fez conforme Javé lhe mandara. Ao chegar em Belém [...], logo que entraram [quando os filhos de Jessé vieram], Samuel avistou Eliab e pensou: "Certamente o ungido de Javé está diante dele!". Porém, Javé disse a Samuel: "Não te impressiones com sua aparência nem com sua estatura, pois este eu excluí. Não é como os homens veem que Deus vê, pois o homem vê a aparência;

> Javé, porém, vê o coração!". Então Jessé chamou Abinadad e fê-lo passar diante de Samuel, que declarou: "Não é este também o que Javé escolheu". Jessé fez Sama comparecer, mas Samuel disse: "Não é este também o que Javé escolheu". Jessé apresentou, assim, seus sete filhos, mas Samuel declarou: "Javé não escolheu nenhum deles". Samuel perguntou a Jessé: "Acabaram-se os teus filhos?". Ele respondeu: "Resta ainda o mais novo, que está vigiando as ovelhas". Samuel ordenou a Jessé: "Manda buscá-lo, pois não nos sentaremos à mesa antes que ele tenha chegado". Jessé mandou buscá-lo. Ele era bem corado, de belos olhos e formosa aparência. Então Javé ordenou: "Anda, dá-lhe a unção: é ele".
>
> 1 Samuel 16,3-12

Muitas vezes na vida, começamos com a suposição ingênua de que temos apenas as opções A e B. Escolhemos uma dessas duas sem nunca parar para pensar que poderia haver uma opção C e D, e talvez até uma opção X. Desse modo, antes de prosseguirmos no nosso processo de tomada de decisão, devemos passar boa parte do tempo que dedicamos às orações refletindo repetidamente sobre a situação em que nos encontramos e tendo pensamentos extravagantes sobre maneiras totalmente inusitadas de reagirmos a ela. Pode ser que exista alguma opção viável e oculta – algum Davi corado no campo da sua imaginação – que se revelará em meio a essa tempestade de ideias sagradas.

Portanto, em sua oração, volte às perguntas mais fundamentais e faça-as a si mesmo novamente como se elas nunca tivessem sido formuladas.

- Qual é o problema ou a situação com os quais estou lidando aqui?
- Quais são *todas* as possibilidades que tenho à mão?
- Quem são *todas* as pessoas envolvidas?
- Qual é a opção C, a opção D e a opção X?

Não saia dessa linha de questionamento até que você tenha mil novas ideias, 90% delas extremas e impraticáveis. Em seguida, selecione aquela solução viável que você não havia pensado anteriormente e traga-a para o processo de tomada de decisão.

Apressado ou hesitante?

O ponto anterior sobre não nos esforçarmos demais para obtermos uma resposta imediata abre outro tópico importante. É nessa fase de coleta de dados que posso querer refletir sobre o *momento* da decisão que devo tomar. Posso me perguntar se tendo a ser um tomador de decisões precipitado ou hesitante. A resposta a essa pergunta pode ter implicações importantes.

Decisões importantes são difíceis de serem tomadas e envolvem uma tensão interna que praticamente implora para ser dissipada. Por essa razão, posso me sentir tentado a agir de uma entre duas maneiras no meu processo de tomada de decisão. Para dissipar essa tensão, posso me

> Acima de tudo, confie na lentidão da obra de Deus. Somos naturalmente impacientes para que tudo chegue ao fim sem maiores delongas e gostaríamos de pular os estágios intermediários. Nós nos impacientamos quando caminhamos em direção a algo novo ou desconhecido. E, a despeito de tudo isso, a lei de todo progresso requer que passemos por alguns períodos de instabilidade, e isso pode levar muito tempo.
>
> Desse modo, penso que isso se passa com você. Se as suas ideias só podem amadurecer gradativamente, deixe-as crescer e permita que elas tomem forma, sem pressa indevida. Não tente forçar o desenvolvimento delas como se você pudesse ser hoje o que o tempo fará de você amanhã (ou seja, como se tivesse a graça e as circunstâncias agindo a seu bel-prazer).
>
> Somente Deus pode dizer o que esse novo espírito se formando gradualmente dentro de você estará destinado a ser. Dê a nosso Senhor o benefício de acreditar que a mão dele está guiando você. E aceite a ansiedade de se sentir em dúvida e incompleto.
>
> — Pierre Teilhard de Chardin, SJ[3]

---

3. Retirado de Harter, Michael, *Hearts on Fire. Praying with Jesuits* ["Corações em chamas. Rezando com os jesuítas"], Chicago, Loyola Press, 2004. (N. do E.)

sentir tentado a queimar etapas mais cedo do que deveria tomando uma atitude imediata (e precipitada) e pronto, ou posso me sentir tentado a não queimar etapas antes do tempo em hipótese alguma, fingindo que estou trabalhando para tomar uma decisão, quando na verdade fiquei o tempo todo esperando a situação se resolver por si mesma. Pode de fato se resolver, mas não necessariamente da maneira que Deus deseja.

Portanto, é recomendável saber que tipo de tomador de decisões sou. Eu me precipito demais nas decisões para resolvê-las o quanto antes ou espero tempo demais para lidar com elas? Onde quer que eu me enquadre dentro dessas duas possibilidades, o falso espírito se aproveitará disso. Se tenho tendência a apressar as coisas, o falso espírito se aproveitará da minha impaciência e do meu pânico para que eu me mova mais depressa do que deveria durante o meu processo de tomada de decisão. Ficarei convencido de que a decisão deve ser tomada imediatamente, antes que seja tarde demais. O medo ou a ansiedade podem me levar a agir antes de discernir completamente a vontade de Deus.

Por esse motivo, se sou um tomador de decisões precipitado, devo me comprometer a avançar lentamente pelo processo. Até me proponho a *não* decidir antes de determinado prazo ou de um determinada indicador. Fazer isso pode me impedir a dar ouvidos ao falso espírito sussurrando em meu ouvido: "Você tem de agir agora! Você não pode esperar mais!"

Se sou um tomador de decisões hesitante, o falso espírito também poderá se aproveitar do meu medo, mas desta vez para me paralisar. Vou me convencer de que sempre precisarei de mais informações antes de decidir e de que uma decisão errada terá consequências terríveis. Poderei, inconscientemente, evitar as consequências de tomar uma decisão coletando dados por um tempo desproporcionalmente maior que o necessário.

Talvez uma parte do problema de uma pessoa hesitante seja ter de fazer uma ótima escolha em detrimento de todas as outras. Os membros da

Geração X em particular parecem ter dificuldade em se comprometer com o que quer que seja, se isso significar ter de dizer "não" aos outros. A escritora Sylvia Plath nos apresentou uma imagem comovente dessa paralisia em seu livro *The Bell Jar* ["A redoma de vidro"]:

> Eu via minha vida se ramificando à minha frente como se fosse a figueira verde daquele conto. Da ponta de cada galho, como um enorme figo roxo, um futuro maravilhoso acenava e cintilava para mim. Um desses figos representava um lar feliz com marido e filhos, outro uma poetisa famosa, e ainda outro, uma professora brilhante. Eu me vi sentada embaixo da árvore, morrendo de fome, simplesmente porque não conseguia decidir com qual figo eu ficaria. Eu queria todos eles, mas escolher um significava perder todo o resto, e, enquanto eu ficava ali sentada, incapaz de tomar uma decisão, os figos começaram a ficar enrugados e escuros e, um por um, desabaram no chão aos meus pés.

Se costumo agir assim, talvez eu precise definir um prazo para essa fase de coleta de dados. Posso precisar fazer um esforço adicional para seguir em frente, mesmo se eu estiver insatisfeito com o meu grau de compreensão dos dados necessários. Faço isso porque me conheço, sei que a evitação é um mecanismo de defesa comum para mim e que nunca me darei por satisfeito, por maior que seja a quantidade de informações que eu tenha em mãos.

Também é possível que eu seja muito precipitado em uma fase do discernimento e muito hesitante em outra. À medida que prossigo no processo de discernimento, posso ter de dar um passo atrás para examinar os espíritos que estão influenciando o tempo do processo. A qualquer momento ao longo do caminho, posso precisar definir um cronograma para tomar a minha decisão a fim de definir o ritmo de determinada fase do processo.

Tomador de decisões precipitado: alguém que tende a tomar uma decisão com muita rapidez, sem um discernimento profundo.	Tomador de decisão hesitante: alguém que reluta ao máximo em tomar uma decisão, geralmente porque a decisão exige uma escolha incômoda.

Precisarei ajustar o meu cronograma ao mesmo ritmo do meu processo de discernimento, sem me tornar seu escravo. No entanto, se eu estiver pensando em ajustar esse cronograma em conformidade com a minha tendência prejudicial no processo de tomada de decisões (ou seja, se a minha tendência for para a pressa, encurtarei o meu cronograma, e, se a minha tendência for para a procrastinação, alongarei o meu cronograma), então deverei agir sem precipitação ao fazer essa mudança. E eu deveria considerar seriamente não fazer isso se os membros da minha rede de apoio me desaconselharem.

A realidade dos prazos

Gostemos ou não, algumas situações nos apresentam logo de cara os seus próprios prazos. Prazos de inscrição, datas de eventos ou planos de ação corporativa podem ditar o cronograma da minha tomada de decisão. Mas, mesmo nessas circunstâncias, algumas considerações em oração poderiam ser feitas em termos de como conciliar o meu discernimento com o prazo que me foi concedido de antemão.

Tabela 6: Como um tomador precipitado de decisão e um tomador hesitante de decisão podem ser tentados a agir quando estão em desolação ou em falsa consolação		
	Tomador apressado de decisão	Tomador hesitante de decisão
Em desolação	Emoção: pânico Pensamento incômodo: "Aja agora ou será tarde demais!" Parábola do construtor insensato e do general insensato Lucas 14,28-32	Emoção: medo Pensamento incômodo: "Enclausure-se!" Parábola do investidor que enterrou uma moeda Mateus 25,14-30

Em falsa consolação	Emoção: euforia Pensamento incômodo: "Mais é melhor" Parábola das virgens imprudentes Mateus 25,1-13	Emoção: autoindulgência Pensamento incômodo: "Está suficientemente bom como está". Parábola do homem que armazenava em celeiros Lucas 12,15-21
Nota: Santo Inácio alerta para ser particularmente cauteloso com tomadores de decisão precipitados em desolação (primeiro quadrante).		

Muitas vezes, somos pressionados a decidir algo no exato momento em que alguém nos apresenta um problema. Às vezes isso procede, pois a decisão precisa ser tomada imediatamente. Mas, em outras ocasiões, a pressão para decidirmos rapidamente está enraizada nas ansiedades prejudiciais da *outra* pessoa. Apesar da retórica da pessoa que me pressiona, a decisão realmente pode esperar por uma hora, por um dia ou até mesmo por uma semana ou mais. Se eu tiver um cronograma para a tomada dessa decisão, talvez eu possa compartilhá-lo com essa pessoa ansiosa na esperança de deixá-la um pouco menos afoita.

Às vezes, porém, não terei escolha. Serei forçado a tomar uma decisão mais rápida do que seria o ideal. Nesses momentos, lutarei pelo tempo que puder (nem que sejam apenas quinze minutos). Vou passar por todas as fases da maneira mais calma e completa possível e, então, tomarei a decisão em paz, sabendo que o nosso Deus é um Deus de amor e misericórdia e que sempre fará o bem com os meus esforços sinceros para servi-lo.

Quando eu tiver esgotado todas as vias de informação ou atingido o meu prazo autoimposto para a conclusão dessa fase, posso reunir todas as informações de que disponho e entrar em uma espécie de reclusão espiritual, quando me afasto dos especialistas e dos amigos, da Internet e do livro de referência. Em vez disso, vou para o meu lugar tranquilo de oração. Se a decisão for única e exclusivamente minha, então chegará um momento em que deverei abrir mão de todos os recursos que tenho à minha disposição, com exceção de um deles: recorrer ao Deus que costumo encontrar em minha oração individual.

Por exemplo, durante todo o processo de elaboração deste livro, recorri a diversas fontes e pessoas. Tive um contato permanente com o meu editor, li vários livros sobre discernimento, distribuí cópias dos primeiros rascunhos para os meus mentores e amigos e recebi várias críticas e sugestões. Mas, para cada decisão importante que tive de tomar, eu agradecia por ter todos esses recursos à minha disposição, entrava no meu quarto, fechava a porta, sentava-me em minha poltrona, fazia uma pequena oração e só a partir desse momento começava a trabalhar com Deus. E só depois de eu ter reunido todas as informações necessárias, ouvido o que todos tinham a dizer e avaliado todas as opções exaustivamente é que eu estava pronto para passar para a próxima fase: sonhar os sonhos em oração.

Fase 3: sonhe os sonhos – acesse os seus desejos mais profundos

> *Enquanto lia a vida de nosso Senhor e a dos santos, fazia uma pausa, meditava, e pensava consigo mesmo: "E se eu fizesse o que fez São Francisco ou fizesse o que fez São Domingos?". Assim, em seus pensamentos, ele se detêve em muitas boas ações, sempre procurando atribuir a si mesmo as maiores e mais difíceis. Por meio desses pensamentos, costumava dizer a si mesmo: "Se São Domingos fez isso, então eu também tenho de fazer. E, se São Francisco fez isso, então eu também tenho de fazer". Esses pensamentos duraram muito tempo.*
>
> Autobiografia 6

No capítulo 6, explorei a necessidade de ser indiferente a todas as opções que se apresentassem diante de mim. Considerei como uma bênção de Deus o dom de receber a indiferença do coração que me permite desejar verdadeiramente todas e quaisquer opções que me são apresentadas. Se eu não tivesse essa graça da indiferença do coração, então eu deveria trabalhar e orar para ser abençoado com a indiferença da vontade – reconhecendo a minha inclinação para uma ou outra opção, mas escolhendo permanecer fiel ao fundamento dos meus desejos mais profundos e, desse modo, ser capaz de escolher aquela que der *a maior* glória a Deus – o *Magis*, como Santo Inácio o chamou.

Magis: sonhar com a maior glória de Deus. O desejo de escolher aquilo que dá a maior glória a Deus.

Ao tomarmos conhecimento do incentivo de Inácio para sermos indiferentes, podemos ser levados erroneamente a acreditar que ele propunha a desistência dos nossos desejos e preferências pessoais, por considerá-los obstáculos ao bom discernimento. Nada poderia estar mais longe da verdade. Na verdade, Inácio, em seus *Exercícios Espirituais,* fez inúmeras exortações para que cada oração se iniciasse com um: "Peço a Deus o que desejo". Neles incluiu "diretrizes para encontrar mais prontamente o que se deseja" e deu conselhos sobre como superar a desafortunada possibilidade de "alguém que praticar os exercícios não conseguir encontrar o que desejava". Por que um santo que em quase todas as outras partes de seus escritos está tão interessado em penitência e abnegação se preocuparia com os desejos?

Muitos escritores espirituais da época de Inácio consideravam os desejos obstáculos à vontade de Deus. As pessoas deveriam suprimir os seus desejos e eliminá-los sempre que possível. Mas Inácio sustentava a noção radical de que *Deus habita em nossos desejos.* Os desejos não apenas não são maus, mas também são um dos principais instrumentos de Deus para se comunicar conosco. Deus inflama os nossos corações com desejos santos e com atrações para que levemos uma vida de maior louvor e serviço divino. Ao contrário de muitos de seus contemporâneos religiosos do século XVI, Inácio não procurava anular os desejos, mas sim acessar os desejos mais profundos do coração, confiando que havia sido Deus quem os colocara ali.

Então, logo no *início* do processo de discernimento, enquanto me disponho a receber esse dom da indiferença, procuro colocar minhas preferências e inclinações de lado em prol de nada mais desejar do que agir em conformidade com a vontade de Deus.

> A alma é o lugar onde os desejos de Deus e os meus desejos se cruzam.

Agora, nessa fase do processo – *embora com fundamento na indiferença* – posso recorrer novamente aos desejos do meu coração. Fazendo isso nesse momento, como um discernidor indiferente, posso contemplar os meus desejos sem ser escravo deles. Sem indiferença, os desejos do meu coração irão manipular meu discernimento, talvez até sem que eu me dê conta disso. Mas, se eu for indiferente, ou seja, se eu estiver pronto para servir a Deus em qualquer função que Deus desejar, então poderei fazer uma previsão desses desejos do mesmo modo que um meteorologista faz as suas previsões do tempo com auxílio dos seus instrumentos de coleta de dados.

Os desejos, é claro, desempenham um papel considerável em nossas escolhas pecaminosas. Mas Inácio definiria o pecado mais como um desejo *desordenado*. O problema não é o fato de termos desejos, mas sim que eles estão desordenados, ou seja, em desequilíbrio ou influenciando excessivamente as nossas decisões. É por isso que precisamos começar todo o nosso processo de discernimento acessando o maior e mais universal desejo de todos: louvar, reverenciar e servir a Deus.

Alguns exemplos podem ajudar. Um adolescente quer muito fazer sexo com a sua namorada. Esse é um desejo maligno? Não, é apenas desordenado. Por que ele quer fazer sexo? Porque ele anseia pela unidade com outra pessoa – ele está programado para a experiência da unidade transcendente. Uma mulher deseja "repreender" o seu marido. De que forma as raízes desse desejo podem ser santas? Talvez ela tenha sido muito passiva durante todos esses anos que esteve casada. Talvez só agora ela se ame e se valorize o suficiente para defender o que acredita ser certo. Talvez ela deseje reverenciar a criação de Deus (ela mesma), afirmando-se. Esses desejos mais profundos não são maus; eles são, de fato, *santos*. Eles vêm de Deus. Se ela pudesse se concentrar nesses grandes desejos por trás do desejo de repreender seu marido, ela não pecaria.

Caímos em pecado quando ignoramos os verdadeiros desejos que nos são concedidos por Deus e que estão *abaixo da superfície* dos nossos desejos aparentes. Pecamos não porque estamos em contato com os nossos desejos, mas

> A promessa [da encarnação] mostrou que seus sonhos mais loucos simplesmente não tinham sido loucos o suficiente.
> — MICHAEL CARD

sim precisamente porque não estamos em contato com eles! Esta é uma das percepções mais radicais e profundas de Inácio.

Sendo assim, como eu poderia acessar esses grandes desejos? Eu sonho. Eu fantasio sobre futuros grandiosos e deslumbrantes. *Eu permito que Deus sonhe em mim* e me sento em silêncio e admiração enquanto esses sonhos sagrados ganham vida diante dos olhos e dos ouvidos da minha alma.

Eu sonho. Começo com a opção A e permito que Deus me mostre as possibilidades maravilhosas e sagradas que podem resultar dessa opção. Tenho pensamentos malucos e fico pensando em pedidos absurdos. Tenho visões galácticas de novos universos de possibilidades que se descortinam sobre mim simplesmente porque digo "sim" ao convite de Deus para examinar todas as possibilidades da opção A. Em seguida, começo tudo de novo e sonho com a opção B, depois com a opção C e assim por diante.

Mas como isso funciona na prática? Digamos que eu seja um advogado que acaba de receber uma oferta para se mudar para uma cidade distante e ingressar em um escritório de advocacia mais prestigioso. Minha reação imediata pode ser me sentir amedrontado diante de todas as incertezas ameaçadoras que essa proposta acarreta: minha família será feliz nesse novo lugar? Vou gostar dos meus novos chefes? Vou encontrar moradia acessível? Vou ter de romper relações com o meu escritório atual? Todas essas são preocupações razoáveis e deverão ser consideradas mais tarde (consulte o capítulo 8). Mas, por enquanto, começo com os sonhos e com os desejos.

Começo me fazendo as grandes perguntas: Qual é o meu propósito na vida? Louvar, reverenciar e servir a Deus. De que modo exclusivo fui chamado para fazer isso? Em primeiro lugar, como marido e pai. Em segundo lugar, como advogado. Como marido e como pai, quais são os meus sonhos para a minha família? Em primeiro lugar, que todos sejam saudáveis e seguros. Em segundo lugar, que todos os membros da família sintam muito amor uns pelos outros e que se importem muito uns com os outros.

Em terceiro lugar, que os nossos filhos não sejam apenas instruídos, mas também tenham uma sólida formação religiosa e escolar. Como posso fazer com que esses objetivos se tornem realidade na opção A permanecendo aqui, no meu emprego atual? No momento, tenho grandes sonhos com tudo o que poderia acontecer na vida de nossa família se permanecêssemos aqui. Como posso fazer com que esses objetivos se tornem realidade na opção B, mudando-me para um novo emprego e para uma nova cidade? No momento tenho grandes sonhos com tudo o que poderia acontecer na vida de nossa família se nos mudássemos.

Agora passo para a minha vocação secundária, que é a profissão de advogado. Quais são os meus grandes sonhos como advogado? Que grandes desejos me levaram a me tornar um advogado? Considerando que eu tenha chegado ao âmago desses sonhos e desejos, ou seja, à parte do que há de mais sagrado neles, agora me pergunto: Como posso transformar esses sonhos e desejos em realidade permanecendo aqui? Como posso fazer isso se eu decidir me mudar?

Observe a diferença entre o modo como a maioria das pessoas normalmente costuma discernir e essa maneira radical que Inácio está propondo. A maioria das pessoas começa esse processo com o pé esquerdo, ao permitir que os instrumentos do falso espírito conduzam o ônibus: medo e ansiedade (*O que vai acontecer?*), ambição (*Aqui está minha chance de subir!*), orgulho (*É um escritório de advocacia de maior prestígio.*), inveja (*Finalmente, vou deixar os meus sócios atuais comendo poeira!*), e assim por diante. Haverá tempo suficiente para lidar com essas realidades negativas (e, uma vez que são realidades, não queremos ignorá-las). Mas, por enquanto, permito que os meus grandes desejos dirijam o ônibus. Imagino as maiores potencialidades – os melhores cenários – para cada opção. Por enquanto, sonho com possibilidades gloriosas.

Fase 4: reflita sobre os sonhos – faça um balanço de suas desolações e consolações

> *No entanto, havia essa diferença. Quando pensava em assuntos mundanos, sentia muito prazer, mas, depois que se cansava deles e os deixava de lado, ele se deu conta de que se sentia vazio e infeliz. Mas, quando ele pensava em [...] imitar os santos e se submeter a todas as austeridades que eles praticavam, não só encontrou consolação nesses pensamentos, mas, mesmo depois que eles o haviam deixado, ele permanecia feliz e alegre. Ele não se deteve sobre essa diferença nem parou para refletir sobre o porquê de ela ocorrer até que, um dia, os seus olhos se abriram parcialmente e ele começou a se perguntar sobre essa diferença e a refletir sobre ela. Por experiência, sabia que alguns pensamentos o deixavam triste, enquanto outros o deixavam feliz, e, aos poucos, foi percebendo a existência dos diferentes espíritos que o moviam: um vindo do diabo, o outro vindo de Deus.*
>
> Autobiografia 8

Ao me dar ao luxo de ter sonhos malucos, em seguida começo a refletir sobre eles. Enquanto devaneio – ou melhor, *sonho em oração* – sobre as possibilidades de vivenciar meus grandes desejos em cada opção, procuro observar as diferenças que esses devaneios provocam em meu coração, do mesmo modo como fez Inácio ao comparar os seus sonhos sobre a vida cavalheiresca com os seus sonhos sobre a vida religiosa, e devo me perguntar: *Qual desses sonhos me faz sentir triste e vazio, apesar dos meus melhores esforços para conceber um sonho com grandes possibilidades? Em quais desses sonhos encontrei um prazer duradouro, mesmo bem depois desse sonho terminar?*

Quais sonhos me levam à consolação?

- Quais desses sonhos me deixam repleto de desejos santos e salutares?

- Quais deles me deixam com uma sensação de proximidade de Deus?
- Quais deles me deixam cheio de fé, esperança e amor?
- Quais deles me fazem querer sair e proclamá-los ao mundo, especialmente aos meus mentores e companheiros?
- Quais deles me deixam com uma profunda sensação de paz, tranquilidade, justiça e de que eles me servem como uma luva?

Quais sonhos me levam à desolação?

- Os que me deixam sem fé, sem esperança e sem amor?
- Os que me deixam sem uma sensação de proximidade de Deus?
- Os que me deixam inquieto e agitado?
- Os que me deixam sem paixão nem entusiasmo, com uma sensação de tédio e de tepidez, sem energia e sentindo-me vazio por dentro?
- Os que me deixam com uma ansiedade e um medo profundos?
- Quais são os sonhos que não me deixam muito animado para compartilhá-los com os meus mentores ou com meus companheiros? Quais são os sonhos que evito mencionar a eles?

Fazer um exame cuidadoso dessas questões enquanto sonho com o meu futuro é o cerne do discernimento inaciano. Esse momento em meu processo de discernimento é a própria essência da descoberta de Inácio do discernimento dos espíritos. É o sol em torno do qual orbitam todas as outras percepções do discernimento inaciano.

> *O amor que move e faz com que alguém seja capaz de escolher deve vir de cima, ou seja, do amor de Deus, para que, antes de essa pessoa fazer uma escolha, ela perceba que o maior ou o menor apego pelo objeto de sua escolha se dá unicamente em função de Seu Criador e Senhor.*
>
> EE 184

Enquanto sonho esses sonhos de oração, devo ficar particularmente atento à flutuação dos movimentos dentro de mim, que podem oscilar da paz à inquietação e da energia mais apaixonada ao desânimo.

Paz "versus" inquietação

> [A] ação do anjo bom é delicada, gentil e encantadora e pode ser comparada a uma gota d'água penetrando em uma esponja.
> EE 335 *Regras para o Discernimento dos Espíritos, Segunda Semana, n. 7*

Inácio nos diz que, quando uma pessoa bem-intencionada e devota está em consolação, a vontade de Deus é "delicada, gentil e encantadora e pode ser comparada a uma gota d'água penetrando em uma esponja". Essas descrições estão entre os sinais indicadores mais importantes da vontade de Deus na opção específica que estou considerando. Quando reflito sobre os meus sonhos em oração, quais opções fizeram com que eu me sentisse assim? Quais delas me deixam com sensação de paz profunda? Observe que estou em busca de uma paz *profunda*, em vez de eu simplesmente me sentir confortável com a minha opção. Pode ser que a vontade de Deus esteja na opção mais assustadora (por exemplo, deixar meu emprego confortável para ingressar na vida religiosa, demitir um funcionário inadequado em vez de ignorar o problema ou optar por um curso de ação impopular). Posso até me sentir amedrontado ao sonhar com esse cenário em minhas orações, mas, de um modo ainda mais profundo, experimentarei uma sensação de que este é o caminho correto a ser seguido e de que a presença permanente de Deus me dará forças suficientes para enfrentar as consequências desagradáveis dessa decisão. É por essa paz "mais profunda" que procuro.

Também procuro o seu oposto, que é um estado de agitação profunda. Mais uma vez, determinada opção pode parecer boa no papel e fazer com que eu me sinta superficialmente confortável. Essa opção pode acalmar os ânimos, evitar conflitos e situações desagradáveis ou embaraçosas (por exemplo, ao mantermos o *status quo*, ao deixarmos as coisas como estão, ao não causarmos agitação no escritório e ao fazermos apenas comentários elogiosos). Mas, apesar do fato de que essa opção é claramente o caminho mais fácil a ser percorrido, no fundo experimento uma sensação de agitação dentro de mim. Há algo que não está bem pacificado em meu espírito enquanto me imagino avançando nessa direção. Esse indicador negativo de sentirmos agitação é tão importante quanto o indicador positivo de sentirmos uma paz profunda.

Estava havia apenas alguns anos exercendo a função de professor e ministro pastoral na Escola Jesuíta Strake, em Houston, quando recebi um telefonema de um dos meus superiores me perguntando se me sentia pronto para deixar Houston e seguir para a próxima missão. Era uma ligação que eu sabia que viria mais cedo ou mais tarde, embora eu a temesse. Meus anos nesse ministério específico foram os melhores de toda a minha vida. Meu relacionamento com os alunos era intenso, salutar e mutuamente enriquecedor. A cada ano que passava, mais eu gostava de lecionar. Eu me dei conta de que o meu sacerdócio só tendia a florescer quando o meu ministério era direcionado à comunidade em geral. Fiz amizades profundas e vivia em uma adorável comunidade de irmãos jesuítas. Por que diabos eu iria querer deixar esse momento e esse lugar cheios de graça?

Sonhar em oração com a possibilidade de eu permanecer em Houston por mais alguns anos fazia com que eu me sentisse confortável, seguro e amado. Mas, *no fundo*, apesar da minha relutância em perder essa vida abençoada, eu sentia certa comichão que me fazia ficar inquieto. Apesar dos meus temores do desconhecido, sentia uma necessidade de dizer "sim" a tudo o que Deus tinha reservado para mim no futuro. Quando eu sonhava em oração deixar Houston e assumir esta ou aquela missão nesta ou naquela cidade, sentia uma pontada no meu coração ao imaginar a possibilidade de ter de me despedir de um lugar que eu considerava o meu lar. Sentia o desconforto de ter de mudar de uma função que eu havia aprendido a fazer bem para um trabalho sobre o qual eu ainda nada sabia. Eu me sentia apreensivo por ter de me mudar para um novo lugar, sem amigos nem um ambiente familiar. Mas, *no fundo*, eu tinha uma sensação de paz e de estar fazendo a coisa certa. No fundo, eu sentia a presença mais forte da energia criativa do Criador trabalhando comigo, em mim e por meu intermédio.

Em razão dessas dinâmicas mais profundas de paz e de agitação, fui capaz de responder aos meus superiores: "Sim, estou pronto para partir".

Energia inflamada "versus" desânimo

> *Chamo de consolação o momento em que [...] [a alma] é inflamada no amor por seu Criador e Senhor [...].*
> *Chamo de desolação [o momento em que] a alma se encontra totalmente preguiçosa, tépida, triste e separada, por assim dizer, de seu Criador e Senhor.*
> EE 316-317 Regras para o Discernimento dos Espíritos,
> Primeira Semana, n. 3 e 4

Anteriormente, ao discutir a indiferença inaciana, mencionei que o meu superior provincial certa vez havia me pedido para orar sobre três ou quatro possibilidades diferentes para o meu futuro. Uma das possibilidades era eu me tornar orientador vocacional dos jesuítas na minha província. Isso não foi uma surpresa para mim, pois os meus amigos comentavam constantemente o quanto eu gostava de trabalhar com candidatos interessados e porque eu, no decorrer dos anos, muitas vezes também tinha sonhado em exercer essa função. No entanto, quando sonhei em oração com esse trabalho para mim naquele momento específico da minha vida, fiquei surpreso com o que senti e com o que não senti. Aqui está um trecho da carta que enviei em resposta ao meu superior:

> [Com relação ao cargo de orientador vocacional], sinceramente sempre tive a esperança de exercer esse tipo de trabalho. Adoro trabalhar diretamente com os meus próprios colegas e acho que sou muito bom nisso. Desse modo, eu ficaria feliz em ser o próximo orientador vocacional. No entanto, nas últimas semanas, ao orar sobre isso, curiosamente não senti mais o mesmo grande desejo de fazer esse trabalho que eu sentia no passado e não sei muito bem por que isso está acontecendo.

As perguntas que me fiz durante esse processo de discernimento foram: *Onde foi parar todo aquele entusiasmo? Onde está o desejo apaixonado que eu sentia antes?* Nesse caso em particular, embora eu tivesse sentido um desejo apaixonado pelo trabalho vocacional no passado, naquele momento eu não estava sentindo o mesmo entusiasmo. Quando orei tendo uma ou duas dentre as outras possibilidades em mente, um estalo de eletricidade percorreu o meu corpo. Quando orei sobre o cargo de orientador vocacional, apesar de parecer ser a solução ideal para o meu conjunto de habilidades e o meu tipo de personalidade, senti menos energia. Eu podia me imaginar fazendo o trabalho e até mesmo gostando muito de exercê-lo, mas não senti "a criança pular de alegria em meu ventre", como bem descreveu Isabel ao reconhecer a presença de Deus em sua prima grávida, Maria. Esses pulos pré-natais de João Batista são uma boa metáfora para o tipo de reação que a minha alma tem quando ela se dá conta da presença de Deus em alguma possibilidade prenhe do meu futuro – minha alma dá um pulo de alegria e entusiasmo.

Sendo assim, esse é o ponto culminante de todo o meu processo de discernimento. Se eu tiver percorrido fielmente todas as etapas do meu processo de discernimento, chegará um momento em que a paz e a energia vivificante prenhe de possibilidades acompanharão uma dessas opções.

Haverá um momento nesse ponto do meu processo de discernimento em que sentirei uma paz e tranquilidade *transcendentais* e um *sinal afirmativo* inegável que pulsará em minhas veias cada vez que me imaginar escolhendo determinada opção em detrimento das outras. Todas as outras opções começarão a desaparecer e, por si mesmas, se tornarão cada vez mais distantes do horizonte dos meus sonhos de oração.

Um caso especial: "Quando a alma não é afetada por nenhum espírito"

Às vezes, ao longo de uma vida inteira de discernimento, pode ser que alguém não tenha uma forte percepção da atuação dos espíritos dentro de si, pois, ao sonhar com as suas numerosas possibilidades de decisão, essa pessoa não é capaz de sentir paz profunda, agitação profunda, energia apaixonada nem tepidez desanimada. Isso não se dá por ela ser uma pessoa cheia de sentimentos negativos, mas sim porque ela é completamente destituída da capacidade de sentir qualquer coisa com profundidade. Tendo em vista que os verdadeiros e os falsos movimentos interiores são o arroz com feijão do discernimento inaciano, o que resta a fazer para uma pessoa que não sente a presença de nenhum deles?

Em tais circunstâncias, Inácio diz que devemos confiar em nossos sentidos naturais de razão e de julgamento. Devemos sopesar os fatos por meio da investigação intelectual e observar qual opção parece ser a mais apropriada e razoável, dados os pontos fortes e fracos de cada uma delas, as oportunidades e ameaças inerentes a cada situação e as nossas habilidades e limitações em nossas respectivas áreas de conhecimento. Como sempre, Inácio dispõe de recomendações perspicazes e pragmáticas sobre como podemos avaliar as opções diante de nós.

Posso aplicar os fundamentos da minha declaração de missão às circunstâncias do momento. Inácio diz: "Devo considerar apenas o fim para o qual fui criado, isto é, para o louvor de Deus, nosso Senhor, e para a salvação da minha alma. Portanto, tudo o que eu escolher deve me ajudar a atingir esse fim para o qual fui criado" (*EE*, 71). Em minha oração, volto à declaração de missão que escrevi no início do meu processo de discernimento. Começo a refletir em oração sobre as suas afirmações mais básicas, passo para as mais específicas e, em seguida, mergulho ainda mais fundo nas minhas convicções para poder definir qual será a minha missão nessa circunstância específica.

Por exemplo, consideremos novamente o caso de uma jovem decidindo qual faculdade ela deveria cursar. Digamos que, ao estabelecer sua declaração de missão, essa jovem repentinamente sentiu que fora chamada para servir aos pobres de forma concreta. Impulsionando ainda mais esse seu chamado para o serviço, ela agradece a Deus pelo trabalho voluntário que prestou no pronto-socorro de um hospital local quando estava no ensino médio. Ao refletir sobre isso, ela começou a se perguntar se ela não deveria ser chamada para fazer esse trabalho de forma mais permanente: *Devo ser médica ou enfermeira?*

Agora, nessa etapa, ela retoma a questão. Ela não está bem certa de que foi chamada para a área médica, mas sente-se chamada a explorar essa opção e, definitivamente, sente-se chamada a servir a comunidade do mesmo modo que havia servido no hospital. Enquanto reflete sobre isso, ela se lembra de que uma de suas opções de faculdade tinha créditos de serviços à comunidade embutido no currículo. Ela também se lembra de que essa mesma faculdade tem um excelente programa de medicina. Uma das outras faculdades fica mais próxima da sua casa, e certamente a maioria dos seus amigos seus estudará lá. Mas a sua declaração de missão faz com que ela se sinta mais atraída pela faculdade que lhe permite ser mais fiel ao tipo de serviço a que ela se sentiu chamada a fazer recentemente.

Ao longo de seus escritos, Inácio insistia que nunca deveríamos deixar de ter em mente o fim para o qual fomos criados. Portanto, seria recomendável começar cada uma das minhas orações dessa fase do meu processo de discernimento lendo a minha declaração de missão, que é o meu princípio e fundamento. Fazer isso definirá o tom de cada uma das outras maneiras pelas quais devo orar sobre essa decisão.

Inácio me aconselha a refletir sobre a minha decisão fazendo uma lista de prós e contras em espírito de oração

> *[Eu deveria] avaliar a questão [opção A] calculando o número de vantagens e benefícios que se acumulariam para mim se eu exercesse o cargo ou tivesse o benefício proposto exclusivamente para o louvor de Deus, nosso Senhor, e a salvação de minha alma. Por outro lado, devo levar em conta as desvantagens e os perigos que podem surgir ao aceitá-los. Farei o mesmo com a segunda alternativa [opção B], ou seja, levarei em conta as suas vantagens e os seus benefícios, bem como as desvantagens e os perigos que poderão surgir caso eu não a aceite.*
>
> *Depois de examinar e de refletir exaustivamente desse modo sobre todos os aspectos do assunto em questão, considerarei qual alternativa parece ser a mais razoável. Desse modo, devo chegar a uma decisão sobre o assunto em deliberação em virtude dos motivos mais importantes apresentados à minha razão, e não devido a quaisquer inclinações sensuais de minha parte.*
>
> EE 181-182

Ao considerar minha vocação para a vida religiosa, por exemplo, eu poderia listar em meu diário tudo o que há de mais maravilhoso em ser um irmão religioso ou um sacerdote. Depois listaria todas as desvantagens dessa escolha de vida. Em seguida, eu poderia fazer uma lista de tudo o que haveria de mais adorável em ser um marido, um pai e alguém com uma carreira. Por fim, eu listaria todas as desvantagens dessa outra escolha de vida. Quando terminar de fazer essas quatro listas, posso orar sobre cada um dos itens listados, avaliando-os em termos de importância para mim. Talvez no processo de considerar as vantagens e desvantagens mais importantes, fique mais claro para que lado minha escolha deve pender.

Posso me imaginar como um mentor de alguém mais jovem ou menos experiente

> *Devo representar para mim mesmo um homem que nunca vi ou conheci e que gostaria de ver praticar toda a perfeição. Então devo refletir sobre o*

> *que eu diria para ele fazer e o que ele deveria escolher para a maior glória de Deus, nosso Senhor, e para a maior perfeição de sua alma. Vou fazer o mesmo e manter esta regra que proponho a mim a todos os outros.*
>
> EE 185

Talvez eu pudesse me imaginar no lugar do meu irmão mais novo, de um colega mais jovem do trabalho ou do rapaz atrás do balcão da cafeteria. Imagino uma cena na qual essa pessoa mais jovem está tentando tomar a mesma decisão que estou discernindo no momento. Em minha imaginação cheia de oração, ouço os conselhos que dou, as perguntas que faço e os incentivos e as frustrações sobre os quais costumo falar. Quando a cena termina, escrevo no meu diário tudo o que aprendi com o exercício. Tento seguir o conselho que teria dado à pessoa que me procurou nessa situação imaginária.

Outra maneira inaciana de proceder seria me imaginar como uma pessoa bem idosa prestes a morrer ou talvez logo depois de ter morrido

> *[Devo] considerar o procedimento e o curso de ação que eu gostaria de ter seguido ao fazer a escolha com a qual me deparo no momento como se estivesse à beira da morte. Tudo o que eu fizer e todas as decisões que eu tomar a partir de então partirão inteiramente deste pressuposto.*
>
> *Deixe-me imaginar e fazer de conta que estou na presença do meu juiz no meu último dia e refletir sobre qual decisão sobre a presente questão eu gostaria de ter tomado. Neste momento, minha escolha recairá sobre a regra de vida que eu gostaria de ter observado, para que no dia do juízo final eu possa me encher de felicidade e de alegria.*
>
> EE 186-187

Eu me imagino fazendo uma retrospectiva das cenas da minha vida, começando com a minha juventude e prosseguindo até o momento presente. Em minha imaginação, faço uma retrospectiva do momento em que decidi pela opção A. Eu me sinto orgulhoso e feliz por ter feito essa escolha, ou tão envergonhado a ponto de querer voltar no tempo para fazer outra escolha? Em seguida, faço o mesmo com as outras opções. Então me imagino como tendo acabado de morrer e fazendo uma retrospectiva de como foi a minha vida depois de ter escolhido a opção A. Como me sinto ao rememorar tudo isso? Em seguida, passo para a opção B e assim por diante.

Além dessas percepções de Inácio, ainda existem outras maneiras de orar sobre essas opções

- Eu poderia encontrar passagens bíblicas relevantes para ler e refletir. Se estou discernindo sobre casamento, por exemplo, eu poderia procurar por todas as passagens que Jesus fala sobre o assunto. Eu poderia refletir sobre os bons e os maus casamentos e sobre todas as famílias descritas na Bíblia.
- Eu poderia fazer um diário registrando o meu fluxo de consciência. Ou seja, simplesmente pego uma caneta no início da minha oração e

É possível encontrar dicas sobre discernimento mental no mundo corporativo. Um modelo muito popular neste meio é o da análise SWOT[4]. Ao examinar as opções para a empresa, os executivos devem fazer a si mesmos a seguinte pergunta: "Quais são os pontos fortes e os fracos desta opção e quais as oportunidades e as ameaças que ela acarreta?". Eu poderia adaptar a análise SWOT para a minha oração ao registrar essas perguntas em meu diário quando eu estiver em oração e meditando sobre a minha declaração de missão no início e no encerramento da minha oração.

---

4. Acrônimo em inglês que significa forças, fraquezas, oportunidades e ameaças. (N. do T.)

começo a escrever ininterruptamente, sem parar para refletir sobre o que vou escrever a seguir e sem me preocupar com gramática, estilo ou coesão, escrevendo o que me vier à cabeça. Algumas vezes, ao fazer isso, poderei ter acesso a algumas revelações sobre mim mesmo vindas diretamente do meu subconsciente. Ao reler os meus escritos quando estiver orando, posso ficar chocado com os resultados!

Todas essas deliberações mentais podem ser frutíferas em qualquer processo de discernimento, mas são particularmente úteis no caso específico de eu não ser capaz de sentir nenhum movimento interno enquanto sonho em oração sobre a ampla gama de opções que tenho em mãos. A expectativa é de que esses exercícios mentais sejam capazes de impulsionar as minhas paixões e de movimentar os mais diversos espíritos presentes em meu coração.

Tabela 7: Deliberações mentais
1. Começo a trabalhar a partir da minha declaração de missão.
2. Peso os prós e os contras.
3. Considero os pontos fortes e os pontos fracos, as oportunidades e as ameaças.
4. Pergunto: Como eu aconselharia alguém nesta situação se eu fosse o seu mentor?
5. Pergunto: Depois de morrer, o que eu gostaria de ver ao fazer uma retrospectiva da minha vida?
6. Medito sobre algumas passagens bíblicas relevantes.
7. Faço um diário do meu fluxo de consciência.

Outro caso especial: "Sem margem para dúvidas"

Inácio refere-se à possibilidade de haver momentos em que Deus move a alma de uma maneira tão extraordinária e oferece tal grau de paixão e clareza que não pode haver dúvida sobre o caminho que devo seguir.

> *Deus, nosso Senhor, move e atrai a vontade de tal forma que uma alma devota, sem hesitação ou possibilidade de hesitação, segue o que lhe foi manifestado. São Paulo e São Mateus assim o fizeram ao se tornarem discípulos de Cristo, nosso Senhor.*
>
> EE 175

Leiam atentamente a história de como acabei escolhendo me tornar um padre jesuíta em vez de um padre diocesano.

Como acabei me tornando um jesuíta

Eu queria ser padre desde que eu me entendia por gente. Mas, como eu estava familiarizado apenas com um dos muitos tipos de sacerdócio, o sacerdócio diocesano, presumi que era esse o tipo de sacerdote que eu seria. Mesmo assim, sempre tive um sentimento incômodo de que talvez eu devesse ser outro tipo de sacerdote: um franciscano, um dominicano ou um beneditino. Lembro-me de ter relatado esse incômodo ao meu orientador espiritual, ele próprio um padre diocesano: "E se Deus estiver me chamando para ser algo sem pé nem cabeça, como um monge tibetano ou algo do gênero? Como diabos eu saberia?".

Meu sábio orientador redarguiu: "Olha, você chegou até aqui com o grupo diocesano e se sente feliz com ele, não é verdade?".

"Sim, muito".

"Bem", disse ele, "diga a Deus que este é o caminho que você acha que ele quer que você siga. Diga a ele que, se ele quiser que você mude de rumo, ele terá de fazê-lo cair do cavalo na estrada para Damasco. Caso contrário, você presumirá que esta rota é a vontade de Deus". Mike estava se referindo a São Paulo, que, antes de se tornar cristão, estava a caminho de Damasco para *prender* cristãos quando Jesus Cristo o derrubou no chão e ordenou-lhe que ele se tornasse um deles. Então, fui orar e disse a Deus que ele teria de me fazer cair do cavalo se quisesse que eu fizesse algo diferente na minha vida. Isso acalmou o meu coração.

Tudo isso se passou no meu último ano do ensino médio. Em 29 de janeiro, durante a aula de educação moral e cívica, meu amigo Mitchell me disse de passagem que um ex-professor nosso havia dito que eu deveria me tornar um jesuíta. Mitchell e eu achamos graça disso, mas depois pensei um pouco mais sobre isso. Eu já estava na metade do processo de admissão para o seminário diocesano e estava contente em seguir esse caminho. Durante a aula de inglês, meus colegas e eu estávamos na biblioteca fazendo anotações em nossos blocos de notas para os nossos trabalhos de pesquisa quando aconteceu a coisa mais estranha do mundo: do nada, me senti absurdamente entusiasmado com a perspectiva de me tornar um jesuíta. Isso foi extraordinário, dado que (a) tudo isso estava acontecendo em uma escola pública; (b) eu não estava, naquele momento, em um estado de oração; e (c) eu mal sabia o que era ser um jesuíta! Embora eu não tivesse tido nenhuma visão ou nenhum milagre tivesse acontecido, senti que uma mudança tectônica havia acabado de abalar toda a minha concepção de mundo. Levantei os olhos do meu bloco de notas e perguntei à minha amiga Tiffany: "Que raios eu devo fazer da minha vida?". Sem estar ciente de nada do que acabara de acontecer, Tiffany riu, pegou um cartão em branco, preencheu ele com o meu nome, com a data, escreveu "Diagnóstico: Seniorite[5]" e entregou o cartão para mim. Dobrei o cartão e coloquei-o cuidadosamente dentro da minha carteira. Queria ficar com ele porque sabia que gostaria de me lembrar desse momento para sempre. Este cartão está até hoje emoldurado na minha estante.

Mais tarde, naquele mesmo dia, fui correndo visitar o meu orientador espiritual e disse a ele: "Você se lembra de quando me disse para eu pedir a Deus para me fazer cair do cavalo se ele quiser que eu faça outra coisa? Bem, acho que acabei de cair do meu cavalo!".

---

5. Termo coloquial usado no Canadá e nos Estados Unidos para descrever a sensação geral de apatia ou de mal-estar que costuma acometer os estudantes do último ano do ensino médio devido à pressão a que estes são submetidos para a escolha de uma carreira. (N. do T.)

Dias depois, completamente incapaz de me livrar da obsessão que eu passara a ter por uma ordem sobre a qual eu não sabia praticamente nada, segui o conselho do meu orientador espiritual e liguei para a comunidade jesuíta mais próxima. Quando o padre Madden atendeu o telefone, perguntei: "Posso falar com um jesuíta, por favor? Qualquer um serviria". Poucos dias depois, encontrei-me com ele. Algumas semanas depois, candidatei-me aos jesuítas e, alguns meses depois, estava no noviciado. E nunca me arrependi.

Essa história não reflete o padrão normal de discernimento vocacional, e eu não recomendaria a ninguém que esperasse por um momento como esse antes de dizer "sim" a tudo o que essa pessoa se sentir chamada a fazer. No entanto, acredito que esse momento extraordinário veio de Deus e que Deus, por suas próprias razões, queria que eu pulasse as fases que normalmente são necessárias e me movesse diretamente para a reta final do processo de discernimento. Sobre essas raras experiências, Inácio nos diz que os que as experimentam "não tem a menor sombra de dúvida" e foi exatamente assim que me senti no momento. Desde então, em todos os meus processos de discernimento subsequentes, não me lembro de ter passado por mais nenhum momento de clareza absoluta.

Portanto, é possível que você, leitor, seja abençoado com tal momento. A certeza inabalável do que você foi chamado a fazer pode chegar em um átimo de segundo. No entanto, convém lembrar que, em meus vinte anos como jesuíta, raramente vi tal coisa acontecer e muitas vezes testemunhei momentos *percebidos* como tais que acabaram se revelando falsos. Já vi rapazes terem um momento que eles descreveriam como muito parecido com o meu, apenas para eles acabarem não ingressando nos jesuítas ou ingressarem e saírem logo depois. Essa nota de advertência nos aconselha que mesmo esses momentos extraordinários devem ser testados. Mesmo em meu caso particular, quando parecia impossível alimentar qualquer dúvida, ainda assim imediatamente fui procurar o meu orientador espiritual e não deixei de receber conselhos dos meus sábios e amorosos pais.

Passei por um rigoroso processo de admissão para os jesuítas e, mesmo depois de ter conseguido ser admitido, passei pelo período probatório habitual de dois anos antes de fazer qualquer voto. Não fiz os votos como jesuíta no dia em que me ocorreu esse lampejo de sabedoria, mas somente depois de dois anos e meio de testes, deliberações e discernimentos exaustivos.

Para usar outro exemplo, como um padre que prepara casais para o casamento, adoro saber a história de como eles se apaixonaram e de como decidiram se casar. Não é incomum para um ou para ambos acharem graça e dizerem: "Eu não gostava dele (ou dela) no início!". Mas, em outras ocasiões, um ou ambos dirão: "Eu sabia que ele (ou ela) era 'o predestinado' (ou a 'predestinada') desde o momento em que coloquei os meus olhos nele [ou nela]". Sinto uma espécie de afinidade com essas pessoas porque essa experiência de amor à primeira vista me faz lembrar do meu próprio lampejo vocacional de certeza transcendente. No entanto, do mesmo modo como ele foi testado, todo casal precisa testar o seu discernimento vocacional conversando com os mais velhos, preparando-se para o casamento, relacionando-se como um casal de noivos por um tempo e assim por diante.

> Depois disso, [Jesus] saiu, reparou num cobrador de impostos que se chamava Levi, sentado à sua mesa de cobrança, e lhe disse: "Segue-me". E, deixando tudo, ele se levantou e começou a segui-lo.
> — LUCAS 5,27-28

Desse modo, mesmo que Inácio nos diga que somos incapazes de duvidar durante aquele momento de revelação, dada a capacidade da nossa psique de nos enganar, devemos fazer um teste completo e rigoroso dessa experiência antes de prestarmos qualquer compromisso de longo prazo com ela. Devemos ficar atentos ao conselho que Inácio dá a uma pessoa que "está em consolação e em um estado de grande fervor" para que ela não seja "imprudente ou precipitada ao fazer qualquer promessa ou voto" (*EE*, Anotação 14).

Chegando a uma decisão

O caso especial no qual uma pessoa não é capaz de experimentar movimentos internos detectáveis é uma experiência incomum e o caso especial onde alguém sente uma atração inconfundível por uma opção é uma ocorrência ainda mais rara. Na maioria das vezes, discerniremos da maneira habitual ao refletirmos sobre os nossos sonhos em oração e compararmos os movimentos internos que os acompanham com as características da desolação e da consolação. Como aconteceu com Inácio em suas reflexões enquanto estava convalescente, assim que descobrimos qual é a fonte das nossas atrações, sonhos, desejos, hesitações e repulsas, começamos a sentir para onde a vontade de Deus está nos levando.

Muitas vezes, depois de muitas horas de deliberação em oração, haverá um momento em que eu simplesmente saberei qual é a melhor decisão a ser tomada. Não me sentirei como se eu estivesse *tomando* uma decisão, mas como se eu estivesse *reconhecendo* uma decisão que o meu coração já havia tomado. Reconhecerei esse momento auspicioso pelo modo como uma opção em relação às demais me leva a sonhos em oração que talvez não fossem tão idealistas ou atraentes quando comecei a sonhar com eles, mas que, de alguma forma, são mais realistas e corretos e vão me servir como uma luva. Todas as demais opções – embora talvez mais atraentes, mais confortáveis ou mais seguras – irão se distanciar do olho vigilante da minha alma e começarão a desaparecer no firmamento. Embora eu não consiga definir exatamente o que é, há alguma coisa que não está totalmente correta com esses sonhos, pois eles têm um toque metálico que parece não ressoar em harmonia com o ritmo da criação. É a partir desse momento que consigo vislumbrar minha decisão preliminar.

8
Depois da tomada de decisão: decisões preliminares, confirmação e decisões finais

> *Depois de tal escolha ou decisão, aquele que a fez ou a tomou deve voltar-se com grande diligência para a oração na presença de Deus, nosso Senhor, e oferecer-lhe a sua escolha para que a Divina Majestade se digne a aceitá-la e confirmá-la se for para o seu maior serviço e louvor.*
>
> EE 183

Santo Inácio tem pouco a dizer sobre o presente tópico. Essa frase da epígrafe é a única instrução dos *Exercícios Espirituais* que diz respeito a esse tópico. No entanto, ao longo dos séculos, os jesuítas e os estudiosos inacianos vêm considerando enfaticamente esse penúltimo ato como uma parte fundamental da tradição inaciana, baseando essa presunção na observação de como o próprio Inácio tomava decisões (conforme nos é apresentado em seu diário pessoal) e em sua própria experiência de vida. No entanto, tendo em vista que Inácio nos dá tão poucas instruções práticas sobre esse tema, devemos nos basear muito mais em conjecturas do que no que ele nos disse expressamente. Portanto, no que diz respeito aos detalhes desta última etapa do processo de discernimento, devemos no máximo nos ater a suposições com algum grau de verossimilhança.

Inácio diz que, *depois* de tomar uma decisão, devo "*oferecê-la*" a Deus, nosso Senhor, para que ele "*possa* [...] aceitá-la e confirmá-la *se* for para melhor servi-lo [...]" (ênfases minhas). Essas poucas palavras têm fortes implicações: *depois* de tomar uma decisão, devo *oferecê-la* a Deus, que *pode* (*ou não*) confirmá-la. Se ela não for compatível com a melhor forma de eu servir a Deus (*Magis*), então Deus presumivelmente não confirmará a oferta dessa decisão preliminar. Desse modo, embora eu claramente tenha conseguido vislumbrar uma decisão completa e bem refletida, ainda não concluí o processo de discernimento inaciano. Inácio sabe o quanto esse processo pode ser complicado e me chama a atenção para esta última oportunidade que Deus tem de me fazer cair do cavalo caso eu não esteja indo na direção correta.

Mas como posso oferecer essa decisão em espírito de oração? Como Deus pode recebê-la e confirmá-la? Quando eu poderei estar suficientemente convencido de que houve essa confirmação para poder tomar a decisão final? Neste capítulo, exploraremos essas e outras questões.

Oferecendo minha decisão preliminar

Depois de ter discernido exaustivamente o assunto em questão e chegado a determinado momento em que sinto que sei qual é a opção que devo escolher, estou pronto para ter em mãos uma decisão preliminar, para oferecê-la a Deus e para aguardar a sua confirmação. Se o tempo e as circunstâncias assim me permitirem, faço uma espécie de peregrinação interior e reservo uma data especial para oferecer essa minha decisão preliminar. Posso fazer uma novena, passar um sábado caminhando na floresta, participar da missa diariamente por um tempo, passar uma tarde em um mosteiro fazendo uma reflexão silenciosa ou fazer um retiro.

Assim que eu tiver reservado uma data e um lugar específicos, como poderei oferecer essa minha decisão em espírito de oração? Eis aqui algumas sugestões.

- Procuro preparar um ritual para oferecer essa decisão a Deus em minha oração. Em espírito de oração, posso me imaginar ajoelhado diante do altar de Deus. Eu me imagino segurando essa decisão em minhas mãos para, em seguida, depositá-la sobre o altar. Em seguida, digo a Deus: "Passei a acreditar que é isso o que você deseja que eu faça. Por favor, deixe-me saber, de uma forma ou de outra, se estou certo ou não – se esta decisão é ou não é o *Magis*, destinada à sua maior glória. Se esta não for a sua vontade, por favor, impeça-me de seguir em frente".

- Você se lembra de quando, a conselho do meu orientador espiritual, pedi para que Deus me fizesse cair do cavalo no caminho para Damasco caso eu estivesse errado? Nesta fase do processo de discernimento, posso pedir o mesmo para Deus. Posso dizer: "Olhe, Deus, não tenho certeza se é isso que você quer, mas é o meu melhor palpite de que esta é a sua vontade. Por favor, impeça-me de prosseguir se essa não for a sua vontade. Por favor, faça-me cair do cavalo".

- Em minha oração, imagino-me eliminando todas as outras opções. Penso em todos os sonhos de oração que tive com essas outras opções e os descarto um por um. Imagino como seria dizer "não" a cada uma dessas outras opções na vida real. Se sou um aluno do último ano do ensino médio, imagino-me me desfazendo de todos os folhetos das outras faculdades e dizendo à minha família e aos meus amigos que não irei cursá-las. Se decidi não aceitar o emprego em outra cidade, imagino-me ligando para a pessoa que fez a oferta e dizendo: "Não, obrigado!".

- Em minha oração, continuo a sonhar em oração sobre como seria vivenciar a opção escolhida. Anteriormente, no estágio de sonhar os sonhos, eu sonhava em oração com as minhas "grandes expectativas" dentro dessa opção, ou seja, com o melhor cenário possível dentro dela. Agora, procuro sonhar em oração com essa opção de forma mais realista. Imagino os problemas que podem surgir, a resistência que terei de enfrentar por parte dos outros e a dificuldade em fazer essa escolha dar certo. Eu me imagino seguindo fielmente essa decisão, ainda que o meu entusiasmo inicial diminua com o tempo. Imagino as consequências de longo prazo dessa decisão.

Observe que, nesse momento, faço todas essas ofertas por meio da minha *imaginação em oração*, e não em minha vida cotidiana. Ainda não é chegado o momento de realmente fazer a promessa, de dizer: "Não, obrigado!" ou de começar a tentar resolver os problemas que essa decisão acarretará. No momento, é uma atividade puramente interior.

Um hilário exemplo bíblico de "des-confirmação"!

Eis aqui outra história de "des-confirmação" da Bíblia no melhor estilo "fazer você cair do cavalo", dessa vez muito divertida. É a história da burrica de Balaão, encontrada no capítulo 22 do livro dos Números.

Os israelitas estavam lutando contra um grande número de tribos para poder conquistar a Terra Prometida e, no episódio em questão, lutavam contra os moabitas. Balac, o líder dos moabitas, subornou um feiticeiro chamado Balaão para ir até os israelitas e amaldiçoá-los em seu nome. Embora Balaão supostamente fosse um vidente, como nos é revelado pela história, foi incapaz de perceber a presença de um anjo poderoso empunhando uma espada, que estava bem no nariz da sua burrica atrapalhada! A burrica falante (surpreendentemente parecida com o burrinho dos filmes de Shrek) foi muito caluniada por ter obedecido ao anjo.

Retomemos a história, quando Balaão está a caminho de amaldiçoar os israelitas:

> Acendeu-se a cólera de Deus porque [Balaão] estava indo, e o Anjo de Javé se postou à sua frente para impedi-lo de prosseguir. Balaão cavalgava a burrica, tendo consigo dois servos. A burrica viu o Anjo de Javé postado no caminho, com a espada desembainhada na mão; e deixou o caminho, indo para o campo; Balaão fustigava a burrica para fazê-la voltar ao caminho. Então o Anjo de Javé postou-se no meio das vinhas, num caminho cavado, fechado dos lados. Vendo o Anjo de Javé, a burrica encostou-se no muro e apertou contra o muro o pé de Balaão, e ele a fustigou novamente. O Anjo de Javé se adiantou e postou-se em um lugar estreito, onde não se podia voltar nem para a direita nem para a esquerda. Vendo o Anjo de Javé, a burrica deixou-se cair debaixo de Balaão; a cólera de Balaão inflamou-se e ele fustigou a burrica com o bordão. E Javé abriu a boca da burrica, e ela falou a Balaão: "Que te fiz para me fustigares por três vezes?". Balaão respondeu à burrica: "É porque zombaste de mim! Se eu tivesse à mão uma espada, eu te mataria agora mesmo!". Replicou a burrica a Balaão: "Porventura não sou eu a tua burrica que te serve de montaria desde que tu existes até hoje? Tenho eu o costume de agir assim contigo?". E ele respondeu: "Não".
>
> Javé então abriu os olhos de Balaão, e este viu o Anjo de Javé postado no caminho, com a espada desembainhada na mão, inclinou-se e se prostrou com a face em terra. Disse-lhe o Anjo de Javé: "Por que fustigaste tua burrica por três vezes? Era eu que tinha saído para te fazer obstáculo, porque

esta viagem é contra a minha vontade. A burrica me viu e desviou-se de mim três vezes; se ela não se desviasse de mim, eu já teria matado a ti, deixando viva a burrica". Respondeu Balaão ao Anjo de Javé: "Pequei, porque não sabia que te postavas diante de mim no caminho; e agora, se isso te desagrada, voltarei".

Números 22,22-34

Em busca de confirmação

Observem que as atividades de oração de oferenda também não deixam de ser outras formas de sonhar em oração. Nesse momento, em vez de sonhar em oração com várias opções, sonho em oração fazendo a minha escolha e vivendo as consequências dessa escolha. Assim, toda essa fase de pós-discernimento é uma espécie de teste de laboratório em oração. É uma forma de construir metaforicamente um modelo de computador de mim mesmo e da minha escolha e apertar o *play* para ver o que acontece.

Se oferecer a minha escolha a Deus é uma forma de passar novamente pela fase de "sonhar os sonhos", então buscar a confirmação é uma forma de reagir a esses sonhos. Assim, do mesmo modo como anteriormente eu havia observado os movimentos internos dentro de mim enquanto sonhava os sonhos, a partir de agora passo a observar os meus movimentos internos enquanto sonho em oração com esses novos sonhos relativos ao meu comprometimento com a minha escolha, à eliminação de todas as demais escolhas e ao modo de lidar realisticamente com as consequências da minha escolha. E procuro pelas mesmas características reveladoras que procurei no estágio de "refletir sobre os sonhos": observo se, ao sonhar com as consequências dessa escolha, sinto a presença do falso espírito ou a do verdadeiro espírito dentro de mim. Esses sonhos pós-discernimento têm características de consolação ou de desolação? A tabela 8 pode ser de grande valia para obtermos a resposta para essa pergunta.

Dificilmente todos os itens constantes na tabela estarão perfeitamente alinhados com os meus movimentos internos. Por exemplo, haverá ocasiões em que serei chamado a me afastar de algumas das pessoas que me amam e que me apoiam. Poderá haver outras ocasiões em que eu tenha de fazer uma escolha radical que será impopular entre meus entes queridos. No entanto, de modo geral, quanto mais os movimentos dentro de mim se alinharem com os sentimentos descritos do lado da consolação dessa tabela, maior será a possibilidade de eu estar recebendo a confirmação dessa escolha.

Se esse teste de laboratório interno estiver indo bem e eu me sentir como se estivesse, de fato, recebendo uma confirmação interna, e, se o tempo e as circunstâncias assim me permitirem, é chegado o momento de eu submeter a minha decisão preliminar à prova em busca de sua confirmação pelos meus pares. Por exemplo:

- Sou advogada e decidi trabalhar por conta própria. Começo a procurar por um imóvel onde funcionará o meu futuro escritório e a reunir a papelada necessária para abrir a minha própria firma. Meu marido e eu começamos a fazer planos para ajustar as nossas vidas a essa decisão.
- Preliminarmente, decidi ficar com a minha namorada em vez de entrar para o seminário. Informo o meu orientador vocacional e passo a me encontrar com ele com menos frequência. Em contrapartida, passo a me dedicar cada vez mais à minha namorada e talvez até a convide para conhecer os meus pais.
- Preliminarmente, decidi estudar em uma universidade distante em vez de estudar na faculdade da minha cidade natal. Intensifico minha troca de correspondência com os meus conhecidos de lá e informo a minha melhor amiga que, no final das contas, provavelmente não irei morar mais com ela.

Começo a viver *como se* minha decisão permanente já tivesse sido tomada. Embora eu ainda não tenha queimado nenhuma ponte, me afasto gradualmente das outras opções e caminho em direção à opção que escolhi preliminarmente. Ao fazer isso, volto para a tabela 8 em busca dos sinais da confirmação de Deus. No exemplo da advogada, qual é a sensação que tenho ao dirigir pela cidade à procura do imóvel onde funcionará o escritório da minha nova firma? No exemplo do jovem inclinado a se aproximar mais da namorada, sinto falta de ir ao seminário? Passar mais tempo com a minha namorada me traz mais alegria, mais paz e mais energia criativa? E, no exemplo da futura universitária, que palavras eu escolheria para descrever os meus sentimentos em relação a essa outra universidade para os meus amigos e para os meus familiares? Qual é a sensação que tenho ao preencher a papelada dos cursos e das preferências de dormitório?

Inácio confia audaciosamente nos desejos profundos de uma pessoa que ora. Mas será que os meus desejos mais profundos serão consistentemente favoráveis a essa mudança à medida que me aprofundo em uma escolha e me afasto de outras? (Lembre-se de que estamos falando aqui de desejos *profundos*. Mesmo que essa opção *seja* a vontade de Deus, as outras opções sempre poderão ser superficialmente mais atraentes). Sinto uma expectativa prazerosa ou pelo menos uma aceitação tranquila ao pensar em viver com as consequências dessa decisão? Ou, em vez disso, experimento uma profunda sensação de pavor?

> Grita uma voz:
> Preparai no deserto um caminho
>   para Javé.
> Endireitai na estepe uma estrada
>   para nosso Deus.
> Faça-se direto no deserto uma
>   estrada para o nosso Deus.
> Nivele-se todo vale,
> rebaixe-se toda montanha e colina;
> que os acidentes se tornem planícies,
> e as escarpas, planuras do vale,
> e, então, a glória de Javé se revelará.
> — ISAÍAS 40,3-5

A confirmação de Deus não é sinônimo da confirmação dos outros

Observe que, ao buscar essa confirmação por parte dos outros, não estou necessariamente procurando pela concordância de todos. Por exemplo, se sou um executivo de uma empresa ou o padre de uma paróquia, muitas vezes serei chamado para tomar decisões impopulares. Portanto, mesmo nesse nível exterior, estou mais interessado na reação do meu espírito interior do que na reação dos outros. "*Ainda* há paz e energia criativa dentro de mim a despeito das reações depreciativas de algumas pessoas?". Da mesma forma, no caso da desconfirmação, o oposto pode ser verdadeiro: "Tenho a impressão de que todos estão muito felizes, mas há algo me incomodando profundamente".

Outra forma de buscar a confirmação é perceber com que facilidade ou com que dificuldade as portas se abrem conforme me movo em direção à opção que escolhi preliminarmente. Foi isso o que Inácio quis dizer ao usar o termo "tranquilidade". Normalmente, se essa opção também for a de Deus, não terei de *forçar* a minha entrada – afinal, não haverá necessidade de eu empurrar portas abertas. É típico de Deus suavizar o caminho e remover os obstáculos quando estou caminhando na direção certa. Inácio diz que a confirmação irá "amenizar e remover todos os obstáculos, de modo que a pessoa prossiga fazendo o bem". No entanto, se eu tiver de impor a minha vontade em uma nova situação, convencer meticulosamente pessoas sábias e amorosas a agirem contrariamente às suas próprias inclinações, fazer com que as próprias autoridades violem as suas regras ou descumprir compromissos que eu já assumi, então esses são sinais de que posso não estar recebendo a confirmação que procuro.

Tabela 8: Sinais de confirmação ou de desconfirmação	
Ao sonhar em oração com as consequências da minha tomada de decisão, eu...	
• Sinto-me um pouco apreensivo, mas, no fundo, estou em paz.	• Sinto um medo, uma ansiedade ou uma inquietação profundas.
• Não tenho todas as respostas, mas tenho a certeza de que Deus me guiará passo a passo. Apesar da minha própria falta de certeza, sinto como se estivesse caminhando na luz.	• Sinto-me agitado e confuso. Fico preocupado com o futuro e sinto-me tateando no escuro.
• Sinto Deus muito perto de mim.	• Não sinto a presença de Deus.

Tabela 8: Sinais de confirmação ou de desconfirmação

Ao sonhar em oração com as consequências da minha tomada de decisão, eu...

• Sinto-me movido por grandes desejos de trabalhar, de criar, de agir e de me movimentar. Sinto-me motivado a praticar atos de fé, esperança e amor.	• Sinto-me paralisado, desinteressado, entediado, indolente, preguiçoso. Não me sinto atraído pela fé, pela esperança nem pelo amor.
• Sinto-me motivado a seguir um curso de ação que, em última análise, se não imediatamente, me levará a uma união duradoura e à reconciliação com os aspectos positivos da minha vida e com as pessoas que fazem parte dela.	• Sou levado à omissão ou à ação que fazem com que eu corte relações e queime pontes com os aspectos positivos da minha vida e com as pessoas que fazem parte dela.
• Sinto-me motivado a passar mais tempo com as pessoas que amo, orando, frequentando a Igreja e cultivando hábitos saudáveis. Não sou atraído por más influências em minha vida.	• Sou levado a negligenciar relacionamentos saudáveis e bem estabelecidos e a negligenciar a oração, a Igreja e hábitos saudáveis. Sinto-me atraído por más influências em minha vida.
• Vejo bons frutos quando me pergunto em espírito de oração: "Para onde isso vai me levar?". Os frutos são congruentes com meu princípio e fundamento.	• Vejo maus frutos quando me pergunto em espírito de oração: "Para onde isso vai me levar?". Os frutos são incongruentes com o meu princípio e fundamento.
• Sinto-me como se estivesse caminhando em direção a algo bom e como se isso fosse a evolução natural do caminho pelo qual Deus vem me conduzido há tempos. Parece que estou aceitando um convite congruente com as decisões acertadas que venho tomando ao longo de toda a minha vida.	• Sinto-me como se estivesse me afastando de algo, como se estivesse fugindo daquilo que sempre me alimentou de maneira saudável. Parece que estou fugindo de algo que me assusta e que é incongruente com as decisões acertadas que eu tomei no passado ou que se assemelha às minhas más decisões do passado.
• Estou ansioso para falar sobre isso com as pessoas que fazem parte da minha rede de apoio, onde há uma convergência de pontos de vista.	• Quero manter isso em segredo, especialmente das pessoas que fazem parte da minha rede de apoio, onde há muitos pontos de vista divergentes.

Tabela 8: Sinais de confirmação ou de desconfirmação	
Ao sonhar em oração com as consequências da minha tomada de decisão, eu...	
• Sinto-me estimulado a agir com ousadia, mas ao mesmo tempo com moderação. Posso agir de imediato, mas não tenho necessidade de fazer isso agora, pois sou indiferente ao momento exato das minhas próprias ações.	• Sinto-me estimulado a fazer algo que as pessoas mais sensatas em minha vida considerariam imprudente ou precipitado. Sinto-me na obrigação de agir imediatamente, embora tenha sido aconselhado por pessoas sensatas a não me precipitar.
• Sinto como se as minhas demais opções estivessem ficando para trás em minha imaginação, como se fizessem isso por conta própria.	• Sinto como se uma ou mais de minhas outras opções continuassem a me incomodar e que elas não me deixarão mais.

Pense em uma esponja e em uma pedra

Inácio descreve esse fenômeno da seguinte forma: para aqueles que gradativamente amadurecem em seu relacionamento com Deus, a vontade de Deus pode ser equiparada com a água penetrando em uma esponja: o tempo e as circunstâncias parecem absorvê-la. Se a minha decisão não for da vontade de Deus, os passos que eu ensaiar para colocar essa decisão em prática serão como o oceano batendo contra uma costa escarpada: não haverá tempo de absorvê-los e haverá uma grande incompatibilidade entre essa minha nova decisão e minha vida presente. Haverá conflito, incongruência e inquietação.

Na verdade, em algumas ocasiões a minha decisão preliminar poderá até mesmo prejudicar as pessoas à minha volta. Por exemplo, digamos que sou um homem de negócios de sucesso que, depois de muito refletir, decidiu acertadamente ingressar em um mosteiro. Quando eu começar a colocar essa decisão em prática, certamente muitos se oporão a ela. Meu chefe pode me oferecer mais dinheiro. Meus irmãos podem tentar me convencer do contrário. Posso ter dificuldade para vender minha casa e me livrar dos meus pertences. Esses obstáculos *podem ou não* ser sinais de desconfirmação.

Do mesmo modo, pode haver ocasiões em que tudo parece se encaixar perfeitamente à minha volta, mas interiormente não sinto que há confirmação. Por exemplo, não é incomum que um seminarista, mediante um processo de discernimento perfeitamente adequado, chegue à conclusão de que ele deve deixar o seminário, apesar do fato de ele aparentar estar perfeitamente satisfeito com a sua situação. Como, então, eu poderia saber se o meu caso é de confirmação ou de desconfirmação?

Volto às características da desolação e da confirmação. Por exemplo, no caso do homem de negócios que virou monge, em meio a toda a turbulência que essa decisão provocou, existe paz interior? Apesar do fato de que eu *deveria* estar desanimado com os obstáculos exteriores com os quais me deparei, permanece dentro de mim um senso de "acerto" por ter tomado essa decisão? No caso do seminarista que aparenta estar perfeitamente satisfeito com a sua situação, ainda sinto profunda inquietação, apesar de estar me dando muito bem no seminário? Ao longo do meu noivado cheio de alegrias, sou constantemente perseguido por desejos profundos e poderosos de me tornar um padre?

No final das contas, o que importa não é tanto o que acontece no meu entorno, mas quais movimentos interiores se agitam em meio a essas circunstâncias exteriores.

E se não houver uma confirmação?

E se minha decisão preliminar não for confirmada? Com a ajuda dos meus mentores e companheiros, vou discernir o que devo fazer nesse caso:

- Se o tempo e as circunstâncias permitirem, posso decidir adiar a decisão por algum tempo. Talvez eu precise me afastar de todo o processo por um tempo e voltar a ele mais tarde com o espírito renovado.
- Posso experimentar interiormente uma das outras opções, sonhando em oração com as consequências dessa escolha alternativa.
- Posso decidir começar todo o processo novamente – começar desde o início, orando pela indiferença, estabelecendo meu princípio e fundamento, ficando em silêncio, sonhando os sonhos e assim por diante.
- Se as circunstâncias me forçarem a fazer uma escolha imediata, mas eu não estiver experimentando nenhum movimento interior claro em direção a uma opção em detrimento das demais, então, de acordo com Inácio, terei de confiar em minhas habilidades de raciocínio para tomar a decisão e voltar para o capítulo intitulado "Um caso especial: 'Quando a alma não é afetada por nenhum espírito'" (ver página 216).

Depois de passar por um longo e exaustivo processo de discernimento, não receber nenhuma confirmação pode ser desanimador e frustrante. *Onde foi que errei? Todo aquele discernimento foi equivocado? Por que Deus simplesmente não me diz o que ele quer?* Esse pode ser um momento doloroso em meu processo de discernimento. Se esse for o caso, preciso admitir a minha frustração para mim mesmo e orar. Da melhor maneira que puder, devo ser paciente com o processo, comigo mesmo e com Deus.

Embora meu desânimo ou minha frustração possam me fazer pensar que fiz um péssimo trabalho de discernimento, pode ser que esse não seja o caso em absoluto. Posso muito bem ter feito tudo corretamente e ainda assim apenas ter sido capaz de chegar ao ponto da desconfirmação. Por que Deus permitiria isso? Muitas vezes, no decorrer da minha vida espiritual, Deus pode me conduzir a um chamado específico para receber graças espirituais específicas que não são explícitas nem esperadas.

Por exemplo, muitos jovens ingressam no noviciado jesuíta convencidos de que Deus os está chamando para serem padres ou irmãos jesuítas. No decorrer desse processo de discernimento de noviciado de dois anos, eles receberão muitas graças maravilhosas: uma rica vida em oração, aptidão para viver em comunidade e para saber discernir os espíritos interiores e um grau de adaptação que permite o enfrentamento de múltiplas situações ao longo da vida. Alguns desses homens terão recebido essas graças para servir a Deus e à Igreja por meio do sacerdócio ou da irmandade. Mas outros receberão a desconfirmação e acabarão discernindo que esse não era o seu chamado para toda a vida e que Deus os chamou para o noviciado para que eles pudessem receber uma ou outra dessas graças e estarem mais bem preparados para experimentar a sua verdadeira vocação para toda a vida, como o casamento e a vida familiar. Deus realmente os chamou para ingressar na ordem dos jesuítas, mas não pelos motivos que pareciam óbvios para eles.

Considerem outro exemplo. Logo depois de ter concluído o meu curso superior, começo a exercer uma função que faço muito bem e fico convencido de que Deus está me guiando para uma carreira nessa área. Tudo parece apontar nessa direção, até que a empresa na qual trabalho se mude para outra cidade e muitos dos meus amigos e contatos na indústria também se mudem. Também tenho a intenção de me mudar, mas parece que uma coisa após outra impedem que isso aconteça. Qual era o objetivo de Deus ao fazer com que eu dedicasse vários anos produtivos da minha vida nesse local de trabalho? Só depois de muitos anos, quando realmente descobri qual era minha verdadeira vocação para toda a vida, fui capaz de perceber quantas habilidades de negócios desenvolvi enquanto trabalhava naquele primeiro emprego. E foi graças a essas habilidades que hoje, ao exercer a vocação de toda a minha vida, sou capaz de realizar um trabalho difícil e complexo. Eu nunca teria aprendido essas habilidades se tivesse saído diretamente da faculdade para exercer a vocação para a qual Deus realmente havia me destinado.

Vamos considerar um exemplo final. Lembram-se da história de Ray, no capítulo 6, cujo filho mais novo queria tanto estudar em uma escola jesuíta? Ray passou por um longo processo de discernimento sobre se deveria ou não aceitar uma proposta de transferência de emprego e tomou a decisão preliminar de aceitá-la. Ele esperou por confirmação, mas, em vez disso, tudo indicava que havia fortes indícios de desconfirmação. No final das contas, ele decidiu não aceitar o novo emprego. O seu discernimento foi bem ou malsucedido? Se você perguntasse isso hoje a Ray, ele lhe diria que Deus fez com que ele passasse por esse processo de discernimento para lembrá-lo de como a sua vida era abençoada, de como de fato era. Essa graça inesperada era muito mais importante e preciosa para ele do que qualquer dinheiro extra que ele poderia ter ganhado em seu novo emprego. Embora o tivesse levado à desconfirmação e ao abandono de uma decisão preliminar, o seu discernimento foi, no final das contas, "bem-sucedido". E Ray é um homem mais feliz e mais abençoado por causa disso.

A confirmação para os tomadores de decisão hesitantes e para os tomadores de decisão apressados

Se você se identifica como um tomador de decisão hesitante, precisa ter o cuidado de se proteger contra a tentação de buscar eternamente por uma confirmação. Não acredito que seja típico de Deus desejar que alguém permaneça por muito tempo em um grau de indecisão como esse. Se você for hesitante, poderá precisar da ajuda de sua rede de apoio para levá-lo a tomar uma decisão final. Em contrapartida, se você for naturalmente apressado, esse grau de indecisão parecerá insuportável! Você vai querer muito tomar a decisão final o quanto antes e arriscar tudo de uma vez. Os tomadores de decisão apressados precisarão da ajuda de sua rede de apoio para serenar os seus ânimos e esperar pacientemente pela confirmação.

A história do irmão Andrew

Nem sempre acreditei que fui chamado para ser um irmão religioso. Quando eu era mais moço, gostava de namorar e ansiava pelo casamento. Quando eu tinha 22 anos, tive um relacionamento maravilhoso com uma mulher chamada Liz e, por um tempo, fiquei convencido de que Deus queria que eu me casasse com ela. Tudo em minha vida parecia me levar a crer que eu teria uma vida feliz de casado com ela, e ela se sentia da mesma forma que eu.

Ficamos noivos e começamos a planejar o casamento. Então, do nada, Liz terminou o relacionamento. Fiquei arrasado por um tempo. E, mesmo depois de a minha desilusão amorosa finalmente ter se arrefecido, eu me perguntava o que Deus estava fazendo ao me atrair para Liz apenas para que ela fosse embora da minha vida. Isso significava que eu nunca deveria ter saído com ela? Minha decisão de me comprometer com ela foi fruto de um discernimento inadequado de minha parte? Tive muita dificuldade em lidar com tudo isso, porque sentia fortemente que, antes de mais nada, Deus havia sido o responsável pela presença de Liz em minha vida.

Com o passar do tempo, comecei a sentir um chamado para ingressar em uma congregação religiosa: os Irmãos do Sagrado Coração. No fim das contas, acabei fazendo isso e me senti muito feliz como irmão. Meus superiores me designaram para trabalhar com jovens problemáticos do centro da cidade. Foi um trabalho difícil, mas acabei tomando gosto por ele e descobri que era muito bom nisso. Certa vez, em um retiro, comecei a agradecer a Deus pelo meu talento nesse ministério. Para mim, foi uma completa surpresa poder fazer um trabalho como esse, porque havia tido uma infância e juventude conservadora e protegida, típica de subúrbios abastados. Desde quando eu conseguia agir com tamanha serenidade quando me encontrava sob pressão? Como fui capaz de me transformar no tipo de pessoa que consegue lidar sem maiores problemas com a vida desestruturada das pessoas que vivem no centro empobrecido da cidade?

E então, de repente, percebi que a resposta para isso tudo era Liz! Foi Liz que havia me ensinado a serenar os ânimos, me tirado do meu universo protegido e me apresentado ao trabalho voluntário com os pobres. Eu nunca teria encontrado coragem suficiente para fazer isso no que dependesse unicamente de mim. Ao orar naquele retiro, senti-me inundado de emoção ao me maravilhar com as graças inesperadas que recebi por meio do meu relacionamento com Liz. Durante todo o meu namoro com ela, pensei que Deus estava me preparando para a graça do casamento e da vida familiar. Agora vejo claramente que Deus tinha outros planos para mim e que graças com as quais nunca havia sonhado foram oferecidas a mim por meio desse relacionamento. Nesse retiro, finalmente pude superar o meu rompimento com Liz. Finalmente pude agradecer a Deus por ele desconfirmar a minha escolha de me casar com ela.

Tomando a decisão final e agindo em conformidade com ela

O Senhor Javé abriu meu ouvido: não resisti nem recuei para trás [...]; tornei minha face dura como pedra.

Isaías 50,5.7

Se fui abençoado com a confirmação, então agora é hora de agir! Quando finalmente me deparo com esse momento, devo agir com firmeza, sentindo o vento – o sopro de Deus! – nas minhas costas. O livro do Sirácida do Antigo Testamento nos aconselha: "Nada faças sem refletir e não te arrependerás de teus atos" (Sr 32,19). Não é incomum ser tentado a questionar uma decisão. Tomar decisões ousadas pode ser assustador, e nesse momento posso me sentir tentado a perder a coragem. Por isso é essencial não permitirmos que o falso espírito seja capaz de erodir a alegria de termos feito uma escolha criteriosa.

Tome cuidado com o falso espírito nesse momento

Um exemplo desse derradeiro truque do falso espírito diz respeito a um bom amigo e companheiro jesuíta que chamarei de Ken. Depois de anos de treinamento e formação, Ken agora estava pronto para começar um ministério em tempo integral como sacerdote jesuíta e profissional. Ele recebeu várias ofertas de emprego importantes, duas das quais pareciam especialmente feitas sob medida para o ministério para o qual ele havia sido treinado em todos aqueles anos. Ken sentia-se inclinado

> Depois de ter dado o nosso melhor, devemos esperar pelo resultado com tranquilidade.
> — JOHN LUBBOCK

pela opção A, enquanto o seu superior, que tomaria a decisão final, sentia-se inclinado pela opção B.

Treinados no método jesuíta de discernimento, tanto Ken quanto o seu superior passaram muitas semanas em oração, discussão e deliberação. Por fim, o superior tomou a decisão final de enviar Ken para a opção A, que era a vaga que o próprio Ken desejava. Por fazer parte da rede de apoio de Ken, tive o privilégio de ouvir os movimentos internos do coração de Ken enquanto ele e o provincial progrediam rumo à decisão final.

Semanas depois de a decisão ter sido tomada, eu disse a Ken como estava feliz por Deus tê-lo abençoado com um chamado tão importante. O rosto de Ken se contorceu um pouco quando ele me confessou que agora estava sofrendo de culpa e confusão (observe as marcas registradas do falso espírito!). Ele se perguntou em voz alta se talvez houvesse a possibilidade de ele ter manipulado o processo para garantir que conseguiria o que queria. Ao ouvi-lo, senti a forte presença da desolação em sua voz, que acabou por privar Ken da alegria de sua nova designação. Eu disse firmemente a ele que achava que Deus é quem havia conduzido tanto ele quanto o seu superior em direção a esta ótima escolha e que essa desolação era a tentativa desesperada do falso espírito de recuperar qualquer terreno perdido que ele conseguisse agarrar. Se o espírito da desolação não conseguir frustrar a vontade de Deus, então ele tentará tirar um pouco da alegria que acompanha de perto uma decisão bem tomada. Ken concordou com essa avaliação e conseguiu descartar a voz de desânimo que havia dentro dele. Ele continua

> Será que agi com leviandade ao tomar determinada resolução? Ou será que faço meus projetos levado por sentimentos humanos, como quem fala ao mesmo tempo "sim" e "não"? Pelo contrário, a fidelidade de Deus faz com que nossa linguagem para convosco não seja "sim" e "não". Pois o Filho de Deus, Jesus Cristo [...], não era "sim" e "não", mas só houve nele o "sim".
> — 2 Coríntios 1,17-19

nesse trabalho até hoje e nunca esteve tão certo de que a mão de Deus estava nele desde o início.

Fortaleça sua decisão com uma promessa

Se a decisão tiver um significado duradouro, considere depois de algum tempo fazer uma promessa ou se comprometer firmemente com a escolha que você fez – desde que ainda não haja um voto inerente a ela, como no caso de um casamento ou de uma profissão religiosa. Isso também servirá para evitar que o falso espírito não tenha nenhuma margem de manobra para retomar o terreno que você conquistou. Uma promessa, um compromisso ou um voto religioso fará com que você permaneça firme e forte nos dias em que você se sentir fraco e tentado a voltar atrás.

Enquanto você estiver em consolação, assumir um compromisso firme é uma forma de se preparar para a desolação. Se você mantiver essa promessa e for fiel ao seu compromisso por muitos anos, isso por si só trará alegria e paz. Uma promessa ou um voto bem discernido e professado com sinceridade trará consolação porque reproduz a firmeza do amor de Deus por nós. "A felicidade de quem escolhe", diz Dag Hammarskjöld, "está em sua harmonia com aquilo que é escolhido". No futuro, você poderá descobrir que a mudança não foi exatamente tudo aquilo que você havia sonhado. Sua promessa ou voto é uma forma de abraçar a vida como ela realmente é, e não como o seu idealismo gostaria que fosse. É uma forma de nos juntarmos a Jesus – do mesmo modo que ele se junta a nós – em meio à confusão inerente à vida humana.

Dois pontos importantes sobre esse meu firme comprometimento com essa decisão:

> Ligar-se mais a Deus, nosso Senhor, e [...] consagrar-se completamente [...] são de grande valia para recebermos uma graça mais abundante.
> — SANTO INÁCIO, *Constituições*, N. 283

- Não precisa ser necessariamente uma promessa vitalícia. Se eu decidir iniciar uma carreira solo como advogado, por exemplo, posso me comprometer a dar tudo de mim por três anos antes mesmo de pensar em desistir.
- É normal que essa promessa seja privada, mas não devo escondê-la dos meus mentores e dos meus companheiros mais próximos. Devo me lembrar que o espírito da desolação adora segredos. O verdadeiro espírito trabalha às claras.

Nos *Exercícios Espirituais*, Inácio nos alerta para não fazermos um voto precipitado. Portanto, antes de tomar uma decisão definitiva, devo testar exaustivamente essa minha "oferenda" para ter certeza de que ela realmente é a vontade de Deus. No entanto, depois de fazer tudo o que estiver ao meu alcance para confirmar essa minha escolha com Deus, devo agir com ousadia e firmeza e confiar que Deus usará as minhas ações para o meu próprio bem e para o bem de todos.

9
Cinco coisas para não esquecermos

> *Pois conheço bem os desígnios que nutro a vosso respeito, os planos que tenho para vós – oráculo de Javé –, desígnios de ventura e não de desgraça, reservando-vos um futuro cheio de esperança.*
>
> Jeremias 29,11

Encerro este livro com algumas reflexões sobre o processo de discernimento como um todo e sobre como conviver com as decisões que tomamos.

1. O grau de meticulosidade empenhado em um processo de discernimento depende da gravidade da decisão e do tempo de que dispomos para tomá-la

Por exemplo, se estou tentando decidir se devo revelar ao meu chefe uma preocupação significativa, embora de ordem secundária, todo o processo, desde o estágio da indiferença até a decisão definitiva, passando pelas quatro fases, pode levar apenas algumas horas ou mesmo alguns minutos. Mas, se estou tentando decidir se devo me casar, ser padre, mudar de carreira ou ir para outra cidade, o processo de discernimento pode durar anos. No caso de decisões de maior envergadura, o momento da tomada da decisão em si pode precisar ser discernido. A decisão de passar da fase da "coleta de dados" para a fase de "sonhar os sonhos", por exemplo, pode ser um discernimento essencial por si mesma.

2. Ao me preparar para assumir meu compromisso, é totalmente esperado que eu experimente o "remorso do comprador"

Como na história de Ken (ver página 245), não seria incomum para mim questionar a minha escolha e ter dúvidas em relação a um ou outro passo a ser dado ao longo do caminho. Se eu experimentar a desolação depois de assumir um compromisso, será tentador para mim comparar os maus bocados pelos quais estou passando atualmente, ao assumir esse compromisso, com os dias melhores que vivi antes de eu ter assumido esse compromisso. Por exemplo, não é incomum que um noviço ou um seminarista em desolação comece a sonhar acordado com os melhores dias que passou com a sua namorada antes de se tornar um religioso e comparar esses seus melhores dias com ela com os seus piores dias no noviciado. A desolação fará com que ele, antes de mais nada, se esqueça dos motivos que o levaram a terminar o namoro.

3. Esperar pela confirmação não significa ter de esperar até que eu tenha certeza absoluta antes de agir

Deus nunca nos promete certeza. Algumas vezes eu a terei, mas muitas vezes não. Muitas vezes, simplesmente terei de fazer a minha escolha, sem saber com certeza se é a melhor, mas confiando que Deus conhece o meu coração e me abençoará pela tentativa de fazer a sua vontade, mesmo se eu acidentalmente errar o alvo. Esta oração do místico Thomas Merton tem sido uma fonte de consolação para muitos que se veem às voltas com as incertezas da vida:

> Senhor, meu Deus, não tenho ideia de para onde estou indo. Não consigo enxergar o caminho diante de mim e não posso saber com certeza onde ele terminará. Nem sequer, na verdade, me conheço. E o fato de pensar que estou seguindo tua vontade não significa que realmente o esteja fazendo.
> Mas creio que o meu desejo de te agradar realmente te agrada. E espero ter esse desejo em tudo aquilo que faço e jamais vir a fazer algo contrário a esse desejo. E sei que, se eu agir assim, tu hás de me levar pelo caminho certo, embora eu possa nada saber a esse respeito.
> Portanto, sempre hei de confiar em ti, ainda que eu possa parecer estar perdido e na sombra da morte. Não temerei, pois tu estarás sempre comigo e nunca me deixarás enfrentar os meus perigos sozinho.
> Thomas Merton, *A Book of Hours* ["O livro das horas"], p. 118[1]

4. Devo ter fé em que Deus realmente fará o bem vir de qualquer escolha minha que for sincera

Muitos acreditam que para cada decisão a ser tomada há uma escolha certa e várias alternativas erradas e que o objetivo do processo de discernimento é descobrir qual é *a* escolha correta. Em casos que têm implicações morais (uma garotinha "discernindo" se deve ou não jogar sua irmãzinha na lama, por exemplo), essa suposição é correta. Mas, em casos sem implicações morais sérias (escolher cursar uma universidade em vez de outra, por exemplo), pode muito bem ser que haja mais de uma escolha correta e que Deus esteja pronto para abençoar a minha vida independentemente dessa minha escolha. Santo Inácio chama essa situação de "escolher

---

1. MERTON, THOMAS, *A Book of Hours* ["O livro das horas"], Notre Dame, Ind., Sorin Books, 2007, 118.

entre os bens". Sendo assim, nesses casos o que procuro não é fazer uma escolha correta em meio a várias alternativas incorretas, mas sim a que for o *Magis* ("a melhor"). Ou seja, tentar encontrar a melhor escolha possível para me ajudar a alcançar o propósito para o qual fui criado (meu princípio e fundamento). O fato de que pode haver mais de uma escolha correta deve me tranquilizar nos dias em que eu me sentir intimidado pela decisão que fui chamado a tomar. Por exemplo, muitos jovens, ao discernirem se têm vocação ou não para serem jesuítas, se afligirão com a seguinte linha de raciocínio: *ou Deus está me chamando para ser jesuíta ou Deus não está. Se Deus está me chamando para ser jesuíta e eu decidir não me tornar um deles, então minha vida será insatisfatória e miserável até o dia da minha morte.*

Em vez de presumir que existe uma escolha certa e várias escolhas erradas, talvez eu devesse presumir que Deus está me enviando vários *convites* para eu fazer uma coisa ou outra. Deus, sendo onisciente, sabe qual escolha me trará a maior realização, mas ele me ama o suficiente para permitir que eu mesmo faça essa escolha. Por exemplo, considere a minha própria escolha de ser jesuíta. E se eu tivesse optado por ignorar os sentimentos que me fulminaram naquele 29 de janeiro? E se eu tivesse escolhido continuar no caminho do sacerdócio diocesano em vez de ter optado pelo sacerdócio jesuíta? Ou o que teria acontecido se eu tivesse optado por ter um cônjuge e tivesse constituído uma família? Deus teria então me abandonado por eu ter recusado a sua oferta e escolhido uma dentre essas outras vidas? Claro que não. Na verdade, acho que eu poderia ter sido feliz com qualquer uma dessas escolhas. Deus é como o dono de uma pequena empresa que ficaria radiante em passar o seu negócio para o seu filho no futuro. Se o seu filho aceitar a oferta, o dono lhe ensinará o ofício e o ajudará ao longo do caminho. Se o filho rejeitar a oferta e escolher seguir outro caminho, ela estará ao seu lado, fazendo o que puder para ajudá-lo a realizar os seus sonhos.

5. **O mais importante, porém, é que, a qualquer momento, eu possa fazer aquela escolha que eu acreditar ser o "Magis"**

O mais importante é a minha *motivação* ao escolher. E o mais importante é que ofereço a Deus essa escolha e todas as outras demais que eu fizer na minha vida. Deus me presenteou com estes dons consideráveis: família, instrução, oportunidades, um coração apaixonado e assim por diante. Meu grande desejo é usar esses dons para proporcionar maior louvor, reverência e serviço a Deus – para devolver a Deus todos os dons que ele me concedeu. E, assim, encerramos a nossa exploração do discernimento do mesmo modo que Inácio encerrou a última meditação de seus *Exercícios Espirituais*: devolvendo tudo o que temos àquele que tudo nos deu:

> *Tomai, Senhor, e recebei toda a minha liberdade,*
> *a minha memória, o meu entendimento*
> *e toda a minha vontade,*
> *tudo o que tenho e chamo de meu*
> *de vós recebi.*
> *A vós, Senhor, o restituo.*
>
> *Tudo é vosso;*
> *disponde de tudo inteiramente, segundo a vossa vontade.*
> *Dai-me apenas vosso amor e vossa graça,*
> *Isso basta para mim.*
>
> EE 234[2]

---

2. Conforme o traduzido em HARTER, MICHAEL, *Hearts on Fire. Praying with Jesuits* ["Corações em chamas. Rezando com os jesuítas"], Chicago, Loyola Press, 2004, 153.

Glossário dos termos inacianos

Agere contra: literalmente, "agir contra", a escolha de fazer o oposto do que sou tentado a fazer quando em desolação.

Companheiro: um amigo a quem posso confiar o que há de mais íntimo em minha vida.

Consolação sem causa precedente: um tipo extraordinário de consolação na qual Deus consola uma pessoa de uma forma mais direta por meio de uma espécie de experiência mística, em vez de como consequência de determinado acontecimento exterior ou de um "curso de pensamentos" interior.

Consolação: o estado de estar sob a influência do verdadeiro espírito.

Desolação: o estado de estar sob a influência do falso espírito.

Exame de consciência: uma rápida reflexão diária sobre os espíritos que agitaram os meus pensamentos, as minhas emoções e as minhas ações no decorrer do dia.

Falsa consolação: a experiência de sermos atraídos por sentimentos, pensamentos e ações que parecem ser boas e sagradas no início, mas que, no final das contas, nos levam a agir de um modo para o qual não fomos chamados por Deus para fazer neste momento.

Falso espírito: o "afastamento interior" do plano de Deus e da fé, da esperança e do amor. Também conhecido como "o espírito maligno" ou "o inimigo da natureza humana".

Indiferença inaciana: o estado cheio de graça de desejar fazer a vontade de Deus e louvar, reverenciar e servir a Deus mais do que a qualquer outra coisa. O estado de disponibilidade agradecida.

Intuição inaciana: a habilidade interna de perceber os movimentos dos dois espíritos dentro de mim.

Magis: sonhar com a maior glória de Deus. O desejo de escolher o que dará mais glória a Deus.

Orientação espiritual: o processo de me encontrar regularmente com uma pessoa treinada para me ajudar em meu relacionamento com Deus.

Princípio e Fundamento: a declaração que responde às grandes questões sobre o propósito da minha vida e de determinada decisão.

Rede de apoio: mentores, companheiros e a Igreja.

Tomador de decisão hesitante: Alguém que reluta demais em tomar uma decisão, geralmente porque a decisão exige uma escolha desconfortável.

Tomador de decisão precipitado: alguém que tende a tomar uma decisão com muita rapidez, sem completar o seu processo de discernimento.

Verdadeiro espírito: a "atração interior" em direção ao plano de Deus e em direção à fé, à esperança e ao amor. Também conhecido como "o bom espírito".

Vida de oração: meu relacionamento íntimo e contínuo com Deus por meio da oração.

Passagens bíblicas relacionadas

Deuteronômio 30,11-20	Eu vos propus a vida e a morte. Escolhe a vida.
1 Samuel 16,1-13	Samuel escolhe Davi em vez de os seus irmãos.
1 Reis 3,1-15	Javé, meu Deus […], dá, pois, ao teu servo um coração cheio de juízo […] para discernir entre o bem e o mal.
Salmo 23	O senhor é meu pastor.
Salmo 107,4-9	O Senhor responde ao nosso chamado de socorro.
Sabedoria 9,1-18b	Dá-me a sabedoria que senta contigo no trono.
Sirácida 14,20-27	Feliz quem medita na sabedoria.
Isaías 30,15-21	Javé espera a hora de vos agraciar: "Este é o caminho. Segue-o".
Isaías 42,1-16	Deus fará andar cegos por um caminho que eles não conhecem.
Isaías 55	Os caminhos de Deus não são os nossos.
Jeremias 29,11-14	"Pois conheço muito bem os desígnios que nutro a vosso respeito".
Jeremias 31,31-34	Deus imprimirá sua lei dentro de nós.
Mateus 7,7-8	Sobre oração e discernimento.
Mateus 7,13-14	"Entrai pela porta estreita."
Mateus 9,35-38	Eles eram como ovelhas sem pastor.

Marcos 10,46-52	O cego Bartimeu: "Que eu veja de novo!".
João 10,1-18	Elas conhecem a voz do pastor.
João 14,1-14	Senhor, não sabemos o caminho.
Romanos 8	Sobre a oração e o discernimento.
2 Coríntios 1,17-20	Jesus não é sim e não, mas apenas sim.
2 Coríntios 4,16-18	Não tenhamos por objetivo as coisas visíveis, mas as invisíveis.
2 Coríntios 11,3-15	"Mas tenho medo de que vossa mente seja corrompida."
Efésios 5,8-20	Procurai ver o que agrada ao Senhor.
Filipenses 1,9-11	Tenhais o discernimento do que mais vos convém.
Filipenses 1,12-26	"Viver [...] e morrer [...] não saberei escolher."
Filipenses 4,4-9	Não vos preocupeis com coisa alguma.
Colossenses 3,1-17	Buscai as coisas que são do alto.
1 João 4	Testa os espíritos para ver se eles são de Deus.

Sugestões de leituras adicionais

Timothy Gallagher escreveu excelentes livros explorando as *Regras de Discernimento dos Espíritos* de Inácio de Loyola, dentre eles *The Discernment of Spirits*, Crossroad, 2005 [Trad. bras.: *O discernimento dos espíritos. Guia inaciano para a vida cotidiana*, Loyola, 2021 (N. do R.)] e *Spiritual Consolation*, Crossroad, 2007 [Trad. bras.: *Consolação espiritual. Guia inaciano para maior discernimento dos espíritos*, Loyola, 2021 (N. do R.)]. *Weeds among the wheat* [Trad. bras.: *Ervas daninhas entre o trigo – discernimento: onde oração e ação se encontram*, Loyola, 2005 (N. do R.)], de Thomas H. Green (Ave Maria, 2005) é um dos meus livros favoritos de todos os tempos sobre discernimento. O livro de David Lonsdale *Listening to the Music of the Spirit* ["Ouvindo a música do Espírito"], (Ave Maria, 1993), infelizmente está esgotado, mas continua muito popular.

Os textos primários dos escritos de Santo Inácio de Loyola, bem como abordagens mais eruditas desses escritos, podem ser encontrados no Instituto de Fontes Jesuítas (www.jesuitsources.com).

Recomendo fortemente quaisquer livros dos seguintes autores jesuítas: George A. Aschenbrenner, William Barry, Gerald Fagin, David L. Fleming, Richard Hauser, James Martin e Joseph Tetlow.

Se você quiser saber mais sobre orientação espiritual ou como encontrar um orientador espiritual em sua região, o site www.sdiworld.org é um bom lugar para começar.

Eis alguns dos meus sites favoritos para visitar na Web:

Conferência dos Bispos Católicos dos Estados Unidos:
http://www.usccb.org/

Loyola Press:
http://www.loyolapress.com/

Jesuítas online:
http://www.jesuit.org/

Ministérios Online da Universidade de Creighton:
http://onlineministries.creighton.edu/CollaborativeMinistry/online.html

O católico americano:
http://www.americancatholic.org/

A experiência de oração de um leigo:
http://writingsbysteveblog.com/wordpress/

Textos originais das "Regras para o Discernimento dos Espíritos", de Inácio

Regras para o Discernimento dos Espíritos, Primeira Semana

Regras para compreender, em certa medida, os diferentes movimentos produzidos na alma e para reconhecer aqueles que são bons, para os admitir, e aqueles que são maus, para os rejeitar. Essas regras são mais adequadas para a Primeira Semana.

1. No caso daqueles que vão de pecado mortal em pecado mortal, o inimigo normalmente costuma propor-lhes prazeres aparentes, enchendo sua imaginação com deleites e prazeres sensuais para que prontamente mantenham os seus vícios e pequem cada vez mais.

Com tais pessoas, o bom espírito usa o método oposto, pois, ao fazer uso da luz da razão, provoca-lhes dor na consciência e os enche de remorso.

2. No caso daqueles que continuam se esforçando fervorosamente para purificar suas almas do pecado e que buscam se elevar no serviço de Deus, nosso Senhor, para atingir uma maior perfeição, o método seguido é o oposto do mencionado na primeira regra.

Sendo assim, é característico do espírito maligno atormentá-los com a ansiedade, afligi-los com a tristeza e levantar obstáculos sustentados por raciocínios falaciosos que perturbam a alma. Assim, ele procura impedir que a alma dessas pessoas avance.

Em contrapartida, é característico do bom espírito dar força e coragem, consolo, lágrimas, inspiração e paz. E assim o faz facilitando tudo e removendo todos os obstáculos do caminho para que a alma dessas pessoas prossiga praticando o bem.

3. *Consolação espiritual.* Chamo de consolação o momento em que um movimento interior é despertado na alma, pelo qual ela é inflamada no amor por seu Criador e Senhor, e, em consequência disso, nenhuma criatura pode ser amada na face da terra por si mesma, mas apenas pelo Criador de todas elas. A consolação também se dá com o derramamento de lágrimas que conduz ao amor de Deus, seja pela dor dos pecados, pelos sofrimentos de Cristo, nosso Senhor, seja por qualquer outro motivo que seja imediatamente direcionado para o louvor e o serviço de Deus. Finalmente, chamo de consolação todo aumento da fé, da esperança e do amor, e toda alegria interior que convida e atrai para o que é celestial e para a salvação da alma, enchendo-a de paz e tranquilidade em seu Criador e Senhor.

4. *Desolação espiritual.* Chamo de desolação o extremo oposto do que é descrito na terceira regra, como a escuridão da alma, o desassossego do espírito, a inclinação para o que é mais baixo e terreno e a inquietação proveniente dos mais variados tipos de perturbações e tentações, que levam à falta de fé, de esperança e de amor, onde a alma se encontra totalmente preguiçosa, tépida, triste e como se estivesse separada, por assim dizer, de seu Criador e Senhor. Pois, do mesmo modo como a consolação é o oposto da desolação, os pensamentos que surgem quando estamos em consolação são o oposto daqueles que surgem quando nos encontramos em desolação.

5. Quando estamos de desolação, nunca devemos fazer nenhuma mudança, mas permanecer firmes e decididos na resolução e na decisão que nos guiou na véspera da desolação ou na decisão que tomamos na consolação precedente. Pois, do mesmo modo que na consolação o espírito bom nos guia e nos aconselha, na desolação o espírito maligno nos orienta e nos aconselha em sentido contrário. Se agirmos sob a sua inspiração, nunca seremos capazes de encontrar o caminho para uma decisão correta.

6. Embora nunca devamos mudar nossas resoluções anteriores quando estamos em desolação, será de grande valia fazer tudo o que estiver ao nosso alcance para sair dela. Podemos insistir mais na oração, na meditação e em um exame exaustivo de nós mesmos, além de fazer um esforço adequado para pagarmos alguma penitência.

7. Quando alguém se encontra em desolação, deve estar ciente de que Deus o deixou entregue às suas faculdades naturais para resistir às diferentes perturbações e tentações do inimigo a fim de colocá-lo à prova. Essa pessoa pode resistir com a ajuda de Deus, que sempre permanece, embora ela não a sinta com clareza. E, ainda que Deus tenha privado essa pessoa da abundância do fervor e do amor transbordante e da intensidade de seus favores, ela ainda tem graça suficiente para sua salvação eterna.

8. Quando alguém está em desolação, deve se esforçar para perseverar na paciência, para melhor combater as aflições que o dominaram. E que essa pessoa também considere que a consolação logo retornará e, nesse ínterim, ela deve recorrer diligentemente a todos os meios que lhe foram sugeridos na sexta regra para combater a desolação.

9. Sofremos de desolação por três razões:

A primeira decorre de nossa tibieza, indolência ou negligência em nossos exercícios de piedade e, desse modo, por nossa própria culpa, fomos privados de nossa consolação espiritual.

A segunda razão decorre do desejo de Deus de nos provar, para ver o quanto valemos e até que ponto somos capazes de avançar em seu serviço e louvor quando somos privados das generosas recompensas advindas da consolação e de sinais de favorecimento.

A terceira razão decorre do desejo de Deus de nos oferecer um verdadeiro conhecimento e compreensão de nós mesmos, para que possamos ter uma percepção íntima do fato de que não está em nosso poder alcançar e conquistar uma grande devoção, um amor intenso, lágrimas ou qualquer outra forma de consolação espiritual, pois tudo isso decorre unicamente do dom e da graça de Deus, nosso Senhor. Deus também não deseja que edifiquemos nossas construções sobre a propriedade alheia, que nos elevemos em espírito com certo sentimento de orgulho ou que nos vangloriemos por isso, atribuindo a nós mesmos os sentimentos de devoção ou qualquer outro efeito da consolação espiritual.

10. Quando alguém desfruta da consolação, deve considerar como irá se portar durante o período de desolação subsequente e reunir forças para melhor enfrentar esse dia.

11. Aquele que desfruta da consolação deve se humilhar e se rebaixar tanto quanto possível, lembrando-se de quão pouco ele é capaz de realizar quando está em desolação, quando se vê privado de tal graça ou consolo.

Por outro lado, aquele que sofre de desolação deve se lembrar de que a graça que lhe é oferecida ainda é mais do que suficiente para que ele possa resistir a todos os seus inimigos e encontrar forças em seu Criador e Senhor.

12. O inimigo se comporta como uma mulher, mostrando-se fraco quando resistimos a ele, mas agindo como um tirano quando o tememos, pois é típico de uma mulher, quando em disputa com algum homem, perder a coragem e recuar se este último se mostrar decidido e destemido. No entanto, se o homem perder a coragem e recuar, os sentimentos de raiva,

vingança e a fúria da mulher aumentarão e não conhecerão limites. Da mesma forma, é próprio do inimigo enfraquecer-se e perder o ânimo, retirando suas tentações, quando a pessoa que se exercita espiritualmente enfrenta sem medo as suas tentações, fazendo exatamente o oposto do que ele sugere. No entanto, se alguém começa a ter medo e a perder a coragem diante dessas tentações, nenhum animal selvagem na terra poderá ser mais feroz do que o inimigo da natureza humana, que executará suas intenções perversas com consumada malícia.

13. O modo de agir do nosso inimigo também pode ser comparado ao de um sedutor sem escrúpulos. Ele procura permanecer escondido e não quer ser descoberto. Ao abordar a filha de um pai honrado ou a esposa de um bom marido e procurar seduzi-la, ele deseja que suas palavras e solicitações sejam mantidas em segredo e fica possesso se suas sugestões maléficas e intenções depravadas são reveladas ao pai pela filha ou ao marido pela esposa, pois percebe imediatamente que não terá sucesso em suas investidas. Da mesma forma, quando o inimigo da natureza humana tenta uma alma justa com suas artimanhas e seduções, ele deseja sinceramente que elas sejam recebidas secretamente e mantidas em segredo. Mas, se alguém as manifesta a um confessor ou a alguma outra pessoa espiritualizada que esteja familiarizada com as suas artimanhas e os seus desígnios maliciosos, o espírito maligno ficará profundamente irritado, pois saberá de antemão que não logrará êxito em seu empreendimento maligno, uma vez que as suas evidentes artimanhas terão sido reveladas.

14. A conduta do nosso inimigo também pode ser comparada às táticas de um líder que tenciona tomar e saquear uma posição que deseja. Um comandante e líder de um exército irá acampar, explorar as fortificações e as defesas da fortaleza e atacá-las no seu ponto mais vulnerável. Da mesma forma, o inimigo da natureza humana observa por todos os ângulos todas as nossas virtudes teológicas, cardeais e morais. Assim que ele se depara

com as nossas defesas da salvação eterna mais fracas e deficientes, partirá imediatamente para o ataque e tentará nos tomar de assalto.

Regras para o Discernimento dos Espíritos, Segunda Semana

Outras regras para compreender os diferentes movimentos produzidos na alma, que servem para um discernimento mais preciso dos espíritos e são mais adequadas para a Segunda Semana.

1. É característico de Deus e de seus anjos, quando agem sobre a alma, dar verdadeira felicidade e alegria espiritual, e banir todas as tristezas e perturbações que são causadas pelo inimigo.

É característico do mau espírito lutar contra essa felicidade e consolação por meio de raciocínios falaciosos, sutilezas e enganos contínuos.

2. Somente Deus pode dar consolação à alma sem nenhuma causa precedente e cabe unicamente ao Criador a possibilidade de entrar na alma de alguém ou deixar de agir sobre ela e de atraí-la totalmente para o amor de Sua Divina Majestade. Eu disse sem causa precedente, ou seja, sem nenhuma percepção ou conhecimento prévios de nenhuma questão pela qual uma alma pudesse ser conduzida a tal estado de consolação por meio de seus próprios atos de intelecto e de vontade.

3. Se houver uma causa precedente, tanto o anjo bom quanto o espírito maligno serão capazes de dar consolação a uma alma, mas com propósitos totalmente distintos. A consolação que o anjo bom propicia contribui para o progresso da alma, para sua elevação e para seu avanço em direção ao que há de mais perfeito. Já a consolação que o espírito maligno propicia

tem os objetivos opostos, que são deixar a alma vulnerável para mais tarde poder atraí-la com suas próprias intenções perversas e iniquidades.

4. É típico do espírito maligno assumir a aparência de um anjo de luz. Ele começa sugerindo pensamentos adequados a uma alma devota e termina sugerindo os seus próprios. Por exemplo, ele sugerirá pensamentos santos e piedosos que estão totalmente em conformidade com a santidade dessa alma, só para depois se empenhar em atraí-la gradualmente para as suas armadilhas ocultas e desígnios malignos.

5. Devemos observar todo o curso de nossos pensamentos. Se o início, o meio e o fim do curso dos nossos pensamentos forem totalmente bons e direcionados ao que é totalmente certo, é um sinal de que eles são provenientes do anjo bom. Mas o curso dos pensamentos que nos são sugeridos também pode nos levar a algo negativo, perturbador ou menos positivo do que nossa alma anteriormente se propôs a fazer e, mais uma vez, pode terminar naquilo que enfraquece ou inquieta a alma, destruindo a paz, a tranquilidade e a quietude das quais desfrutávamos anteriormente e causar perturbação à alma. Tudo isso é um sinal bem claro de que esses pensamentos são provenientes do espírito maligno, o inimigo de nosso progresso e da nossa salvação eterna.

6. Quando o inimigo da natureza humana for detectado e reconhecido pela trilha do mal que marca o seu curso e pelo fim perverso para o qual ele nos conduz, será de grande valia para aquele que foi tentado examinar de imediato todo o curso de sua tentação. Que ele considere uma série de bons pensamentos, como eles surgiram e como o espírito maligno gradualmente tentou fazê-lo sair do estado de deleite espiritual e alegria em que se encontrava com o intuito de atraí-lo para seus desígnios perversos. O objetivo desse autoexame é de que, uma vez que tal experiência tenha sido entendida e cuidadosamente observada, futuramente poderemos nos resguardar dos enganos habituais do inimigo.

7. Nas almas que estão progredindo para um grau maior de perfeição, a ação do anjo bom é delicada, gentil e encantadora e pode ser comparada a uma gota d'água penetrando em uma esponja.

Já a ação do espírito maligno sobre essas pessoas é violenta, barulhenta e perturbadora e pode ser comparado a uma gota d'água caindo sobre uma pedra.

Nas almas que vão de mal a pior, o efeito das ações dos espíritos citadas acima é exatamente o oposto. A razão para isso deve ser buscada na predisposição que essas almas têm em relação a esses diferentes tipos de espíritos. Quando a sua predisposição é contrária à dos espíritos, eles tentam invadi-la com barulho e alvoroço e são facilmente percebidos. Quando a sua predisposição é semelhante à dos espíritos, eles entram silenciosamente, como quem entra em sua própria casa quando as portas estão abertas.

8. Quando a consolação não tem causa anterior, como foi dito, não pode haver engano nela, tendo em vista que ela só pode proceder de Deus, nosso Senhor. Mas uma pessoa espiritualizada que recebeu tal consolação deve considerá-la com muita atenção e ser capaz de distinguir cuidadosamente o momento em que realmente está em consolação do período que se segue. Nessa ocasião, a alma ainda estará fervorosa e favorecida com a graça e os efeitos colaterais da consolação que já passou. Neste segundo período, muitas vezes a alma toma várias resoluções e faz vários planos que não são concedidos diretamente por Deus, nosso Senhor. Eles podem vir tanto do nosso raciocínio sobre as relações entre as nossas concepções e sobre as consequências dos nossos julgamentos quanto do bom espírito ou do espírito maligno. Portanto, eles devem ser examinados cuidadosamente antes de receberem aprovação total e serem colocados em prática.

Fonte: Louis J. Puhl, *The Spiritual Exercises of St. Ignatius: Based on Studies in the Language of the Autograph* ["Os Exercícios Espirituais de Santo Inácio, baseados nos estudos da linguagem de sua Autobiografia"] (Chicago: Loyola Press, 1968).

Edições Loyola

editoração impressão acabamento

Rua 1822 nº 341 – Ipiranga
04216-000 São Paulo, SP
T 55 11 3385 8500/8501, 2063 4275
www.loyola.com.br